●教育部人文社会科学研究规划基金项目"企业衍生、创业网络和创业行为：基于集群视角的研究"阶段性研究成果

●浙江省一流学科（工商管理）建设资助

●杭州市一流学科（工商管理·旅游休闲）建设资助

●杭州市哲学社会科学重点研究基地"数字化转型与社会责任管理研究中心"资助

●2020 年度杭州市社科联社团学术出版资助

创新创业成功之道

基于梦想小镇发展实践的研究

郑健壮　陈　勇　著

ZHEJIANG UNIVERSITY PRESS
浙江大学出版社

图书在版编目（CIP）数据

创新创业成功之道：基于梦想小镇发展实践的研究/
郑健壮，陈勇著.—杭州：浙江大学出版社，2021.4
ISBN 978-7-308-21151-2

Ⅰ．①创… Ⅱ．①郑… ②陈… Ⅲ．①小城镇—城
市建设—研究—浙江 Ⅳ．①F299.275.5

中国版本图书馆CIP数据核字（2021）第042100号

创新创业成功之道——基于梦想小镇发展实践的研究

郑健壮 陈 勇 著

丛书策划	马一萍
责任编辑	陈 宇
责任校对	陈逸行 袁朝阳
装帧设计	周 灵
出版发行	浙江大学出版社
	（杭州市天目山路148号　邮政编码　310007）
	（网址：http://www.zjupress.com）
排　版	杭州林智广告有限公司
印　刷	杭州高腾印务有限公司
开　本	710mm×1000mm　1/16
印　张	15.5
字　数	231千
版 印 次	2021年4月第1版　2021年4月第1次印刷
书　号	ISBN 978-7-308-21151-2
定　价	60.00元

序

改革开放以来，有两种力量一直在推动中国区域经济发展。一是以市场力量为主的发展模式，即按照"个体—块状经济—产业集群"的演化脉络；二是以行政力量为主的发展模式，即按照"开发区—高新技术开发区"的发展脉络。它们时而冲突，时而合作，更多的是纠缠不休，个中滋味是"爱恨情仇"，不离不弃。不管是产业集群还是开发区，它们都已成为各级政府推动产业发展的主要工具和空间载体。它们通过相关企业（产业）的集聚，形成规模经济和范围经济，提高了产业竞争力。但随着我国经济进入"新常态"，两种发展路径均面临新的挑战：产业集群的低端化以及开发区的同质化、空壳化等。而特色小镇作为一种产业与区域有机结合并互动发展的新模式，正以新理念、新机制、新载体、新模式重新塑造"产业富有特色，文化独具韵味，生态充满魅力"的经济发展新形态。

"十三五"时期是浙江省强化创新驱动、完成新旧发展动力转换的关键期，是优化经济结构、全面提升产业竞争力的关键期，是加强制度供给、实现治理体系和治理能力现代化的关键期，既面临重大战略机遇，也面临诸多严峻挑战。在这样的背景下，利用块状经济、山水资源、历史人文和信息经济等独特优势，率先创建一批特色小镇，这不仅符合经济社会发展规律，更有利于破解经济结构升级和动力转换的现实难题，是浙江适应和引领经济新常态的重大战略选择。2014年10月，时任浙江省省长李强在参观云栖小镇时首次提出"特色小镇"概念。2015年9月，时任中办主任、国家发展改革委副主任刘鹤一行深入调研了浙江特色小镇建设情况。刘鹤表示，浙江特色小镇建设是在经济发展新常态下对发展模式的有益探索，这是"敢为人先、特别能创业"精神的又一次体现。2015年12月底，习近平总书记对浙江省"特色小镇"建设做出重要批示，指出特色小镇、小城镇建设大有可为，对经济转型升级、新型城镇化建设，都具有重要意义，浙江着眼供给侧培育小镇经济的思路，对做好新常态下的经济工作也有启发。

2015年浙江全面提出建设特色小镇以来，作为产业转型升级的"浙江样本"，近两年来已在浙江和全国其他地方蓬勃发展。有别于传统的经济发展平台——开发区，特色小镇不仅突破了传统地理行政界限，既可落户乡村也可以布局城市，更具有"小空间大集聚、小平台大产业、小载体大创新"的新优势，破解了开发区普遍存在的产业特色不明、土地资源匮乏、体制机制僵化和发展后劲不足等问题。因此，建设具有产业支撑的绿色生态、美丽宜居的特色小镇，对于培育高新产业、激活历史经典产业、搭建创新创业平台等方面有着重要的引领作用。经过几年的实践，由浙江走向全国的特色小镇建设已成燎原之势，文化小镇、旅游小镇、科技小镇、工业小镇、商业小镇、金融小镇等形态纷纷呈现，中国的特色小镇建设已经进入了快速期，特色小镇规划和建设热火朝天。但放眼全国，目前特色小镇的成功案例并不太多，存在着一哄而上、旧瓶装新酒和简单复制等问题。即使是被当作标杆的浙江省，仍有许多问题亟待探索、总结和研究。如：在产业定位上如何做到"特而强"，功能叠加上如何做到"聚而合"，建设形态上如何做到"精而美"，供给制度上如何做到"活而新"等，这些问题均事关特色小镇的可持续发展。

浙大城市学院自1999年建校以来，利用名校名城合作办学的体制机制优势，主动融入地方经济发展大战略，努力推进地方传统产业转型升级，积极培育区域经济社会发展的急需人才，已取得良好的经济和社会效益。近年来，学校积极打造"以聚焦区域和城市发展为方向、以前沿理论研究为引领、以为政府咨政和地方服务为目标、以人才资源整合为手段、以培养专业人才为支撑"的新型高校智库，先后与杭州市人民政府合作成立了"杭州公共管理研究中心""杭州市区域经济研究基地"和

"杭州市创意旅游中心"等研究机构。2017年，为加强对特色小镇建设的研究，浙大城市学院专门成立了"特色小镇可持续发展研究院"，积极组织专家学者聚焦特色小镇研究。通过剖析典型案例，总结经验教训，形成系列研究成果，以更好更及时地服务社会。为此，"浙大城市学院科研部"和"特色小镇可持续发展研究院"联合组织相关学科骨干教师和研究人员，在深入调研和理论分析的基础上，撰写并出版了这套浙江省"特色小镇"主题系列丛书"特色小镇建设之路——浙江的探索与实践"。

这套丛书旨在总结、提炼浙江特色小镇建设的成功经验，为浙江乃至全国的特色小镇研究者和政府政策制定者提供有益的借鉴和启示。同时，亦对浙江特色小镇建设中存在的问题进行了剖析，期许后来的建设者少走弯路。

作为本丛书的主编，我惊喜地看到，在短短的一年时间里，这套丛书实现了从策划到实施、成果发表，更高兴的是看到，以中青年骨干为主的丛书编著者们"沉得下去、拔得上来"，在良好的前期积累基础上，不惜工本、心无旁骛、舍得密集投入大量心血到这一非常有意义的工作中。作为阶段性的成果，此次有三本著作付梓成书。这是一个很好的开端，后续还会有更多的研究成果陆续成书，以飨读者。真切地希望这套丛书的出版能为我国特色小镇的建设和健康可持续发展提供重要的智力支持，也期待着浙大城市学院的学者们在这一领域中取得更多更好的成果。

吴晓波

于紫金港

吴晓波教授系教育部"长江学者"特聘教授、国家"万人计划"领军人才、浙江大学社会科学学部主任、浙江大学管理学院原院长、浙大城市学院商学院原院长、"特色小镇可持续发展研究院"首席专家。

目　录

第一章　特色小镇发展理论与实践 ······················· 1

  第一节　区域经济发展的不同模式 ················· 3

    一、区域经济发展两种主导模式的演化过程 ······· 4

    二、产业集群和开发区向特色小镇演化 ··········· 9

    三、特色小镇与产业集群和开发区的比较 ········· 10

  第二节　特色小镇研究概述 ······················· 13

    一、特色小镇的内涵 ··························· 13

    二、特色小镇的研究视角 ······················· 15

    三、特色小镇的评价标准 ······················· 18

  第三节　特色小镇发展之浙江实践 ················· 19

    一、浙江特色小镇的起源 ······················· 19

    二、浙江特色小镇建设现状 ····················· 20

    三、浙江特色小镇发展的路径与政策 ············· 26

第二章　梦想小镇发展历史与现状 ··················· 29

  第一节　梦想小镇的发展背景 ····················· 31

    一、地理背景 ······························· 31

    二、经济背景 ······························· 33

    三、人文底蕴 ······························· 34

第二节　梦想小镇发展历程 ……………………………………… 36

一、初建阶段：打造众创空间、构建创业生态 ……… 37

二、成长阶段：打造"三生"和"三创"融合体系 ……… 39

三、发展阶段：高水平创建浙江特色小镇样板 ……… 42

第三节　梦想小镇发展经验 ……………………………………… 43

一、发展成效 ……………………………………………… 43

二、发展措施 ……………………………………………… 44

三、发展特色 ……………………………………………… 47

第三章　梦想小镇特色与优势（一）：前沿产业集聚……… 51

第一节　梦想小镇产业集聚概况 ……………………………… 53

一、产业集聚规模 ……………………………………… 53

二、产业集聚成效 ……………………………………… 54

第二节　梦想小镇产业集聚成因 ……………………………… 56

一、政府规划先导 ……………………………………… 57

二、创新企业引领 ……………………………………… 58

三、高等学府合作 ……………………………………… 60

四、金融投资支撑 ……………………………………… 61

五、小镇文化赋能 ……………………………………… 63

第三节　梦想小镇打造产业集聚的经验 …………………… 64

一、有为政府与活力小镇同心协力 ………………… 64

二、高新产业与高端人才相生相长 ………………… 66

三、招商引资与招研引智齐头并进 ………………… 68

第四章　梦想小镇特色与优势（二）：创新创业资源集聚… 71

第一节　梦想小镇创新创业资源集聚概况 ………………… 73

一、优质人才集聚 ……………………………………… 74

二、孵化机构集聚 …………………………………………… 75

三、中介服务集聚 …………………………………………… 81

四、投资资金集聚 …………………………………………… 88

五、创业知识集聚 …………………………………………… 90

第二节 梦想小镇创新创业资源集聚成因 ………………… 93

一、众创精神感召 …………………………………………… 94

二、龙头企业引领 …………………………………………… 95

三、创新研发驱动 …………………………………………… 96

四、风险投资活跃 …………………………………………… 97

第三节 梦想小镇创新创业资源集聚的举措和经验 ……… 98

一、营造最宜创新创业的营商环境 ………………………… 98

二、打造形态完备的创业社区 ……………………………… 99

三、搭建公共技术和服务平台 ……………………………… 99

四、整合利用知识型中介服务资源 ………………………… 100

第五章　梦想小镇特色与优势（三）：创新创业支撑体系 … 103

第一节 梦想小镇创新创业支撑体系的构成 ……………… 105

一、创新创业支撑体系的内涵 ……………………………… 105

二、创新创业支撑体系的组成 ……………………………… 107

第二节 梦想小镇创新创业支撑体系之基础设施 ………… 109

一、基础设施的结构 ………………………………………… 109

二、基础设施的组成 ………………………………………… 111

第三节 梦想小镇支撑体系之创新创业服务 ……………… 118

一、打造"政务大厅＋服务超市"的创新创业服务模式 … 118

二、创新创业服务的具体措施 ……………………………… 121

第四节 梦想小镇创新创业支撑体系之运营管理 ………… 124

一、管理体制 ………………………………………………… 125

二、运营方式 ······················· 125

三、运营的全域性和集群性 ················· 126

第六章　梦想小镇创新创业范例 ············· 129

第一节　虚拟现实行业创新创业案例 ············ 131

一、杭州虚现科技有限公司：当好VR"指挥家" 131

二、杭州映墨科技：用VR承包你的快乐 ········ 134

三、杭州有特云计算科技有限公司：深挖建材新零售 136

四、杭州西顾视频科技有限公司："混血"VR公司 ······· 139

第二节　数据信息服务行业创新创业案例 ········· 141

一、杭州势然网络科技有限公司：程序员客栈 ········· 141

二、杭州非白三维科技有限公司：专注于三维扫描 ····· 143

三、数澜科技：让企业的数据用起来 ············· 145

四、柯来视生物科技有限公司：建中国基础眼保健生态 ··· 148

第三节　电子商务行业创新创业案例 ············ 151

一、杭州一骑轻尘信息技术有限公司：从买好车到卖好车 151

二、杭州遥望网络科技有限公司：红海里的"轻"和"快" 153

第四节　文化创意行业创新创业案例 ············ 155

一、杭州妥妥网络科技有限公司：不会玩音乐的IT男不是好

创客 ························· 155

二、杭州诚一文化创意有限公司：打造中国文创产业新生态··· 157

第七章　国外创新创业小镇与众创空间案例 ······· 161

第一节　国外创新创业小镇案例 ·············· 163

一、自下而上由市场主导的创新园区 ············· 163

二、自上而下由政府主导的创新园区 ············· 168

三、由政府、市场共同主导的创新园区 ·········· 172

　　第二节　国外众创空间案例 ……………………………………… 175

　　　　一、全球连锁的众创空间 …………………………………… 176

　　　　二、美国的众创空间 ………………………………………… 188

　　　　三、欧洲的众创空间 ………………………………………… 193

第八章　梦想小镇成功之道：创新创业生态系统 ………… 195

　　第一节　创新创业生态系统 ……………………………………… 197

　　　　一、创新创业生态系统内涵 ………………………………… 197

　　　　二、创新创业生态系统构成 ………………………………… 198

　　　　三、创新创业生态系统特征 ………………………………… 199

　　　　四、创新创业生态系统之众创空间 ………………………… 201

　　第二节　众创空间内涵 …………………………………………… 202

　　　　一、众创空间的定义 ………………………………………… 203

　　　　二、众创空间与传统科技园区的区别 ……………………… 204

　　　　三、众创空间与传统孵化器的区别 ………………………… 205

　　　　四、众创空间的分类 ………………………………………… 206

　　第三节　梦想小镇众创空间结构 ………………………………… 208

　　　　一、众创空间创新创业生态系统主体 ……………………… 208

　　　　二、众创空间创新创业生态系统层次 ……………………… 210

　　　　三、众创空间创新创业生态系统结构 ……………………… 213

　　第四节　梦想小镇众创空间创新创业生态系统运行机制 ……… 216

　　　　一、新陈代谢机制 …………………………………………… 216

　　　　二、多层网络机制 …………………………………………… 218

　　　　三、共生互进机制 …………………………………………… 219

　　　　四、价值共创机制 …………………………………………… 221

参考文献 …………………………………………………………… 224

后　记 ……………………………………………………………… 233

第一章

特色小镇发展理论与实践

特色小镇是介于产业集群（单个产业）与开发区（多个产业）之间的一种中间性组织，呈现"1＋N"的产业特征。通过对我国区域经济发展两种主导模式——产业集群和开发区的历史演化分析后可发现，首先，从产业集群和开发区向特色小镇演化的客观必然性在于其能较好地解决发展理念、发展目标和发展动力这三大瓶颈，因此，特色小镇可作为上述两种模式转型升级的一种战略选择。其次，特色小镇与上述两种主导模式的重要区别或根本优势在于，它能较好地实现生产、服务和空间三大转型，以实现生产、生活和生态的"三生共融"，因此，特色小镇也可成为上述两类主导模式以外的第三种可供选择的发展模式。

第一节　区域经济发展的不同模式

自改革开放以来，我国已形成了区域经济发展的两种主导模式——以市场力量为主的产业集群发展模式和以行政力量为主的开发区发展模式。但在2014年年底，浙江涌现出了第三种发展模式——特色小镇发展模式。该模式在三年左右的时间里，已由浙江扩展到全国，由"盆景"变为"风景"。据《2017年旅游特色小镇行业研究报告》（Trustdata，2017），在2016年、2017年两年里，住房和城乡建设部已正式公布了两批共403个特色小镇[①]。

要理解"产业富有特色，文化独具韵味，生态充满魅力"的特色小镇之所以能在短时间里由浙江扩展到全国，有两个关键问题需要在理论上予以回应。首先，特色小镇的形成为何具有历史必然性？为回答这个问题，本章不仅聚焦我国产业集群的典型省份——浙江省的区域经济发展逻辑，以探究"产业集群—特色小镇"的演化脉络，而且还立足我国

---

① 第一批127个，第二批276个。尽管住房和城乡建设部对特色小镇的定义和评价与浙江省开展的特色小镇建设的内涵有一定的差异，但在此不做过分的究诘和讨论。

其他地区的区域经济发展现实，以探究"开发区—特色小镇"的发展轨迹，即从两种主导模式的历史演化过程探究特色小镇模式形成的合理性。其次，特色小镇与上述两种主导模式的重要区别或主要优势是什么？本章认为，关键在于它能较好地实现生产、服务和空间的三转型，最终实现生产、生活和生态的"三生共融"。因此，特色小镇是未来区域经济发展的一种新模式或新选择。

一、区域经济发展两种主导模式的演化过程

综观我国改革开放以来的40多年，在推动区域经济发展过程中，以市场力量为主的产业集群发展模式和以行政力量为主的开发区发展模式功不可没。尽管它们对我国经济发展都做出了重要的贡献，但随着我国经济进入"新常态"，上述两种发展模式面临产业特色不明、创新动力缺乏、人文底蕴不足、绿色生态破坏和优惠政策泛化等挑战。特色小镇作为一种产业与区域有机结合并互动发展的新模式，正以新理念、新机制、新载体、新模式打造经济发展新形态。

（一）产业集群发展模式的演化：以浙江为例

自1978年改革开放以来，浙江从一个相对封闭的传统农业经济体发展成了开放的、以现代工业为主体的经济体，创造了令人瞩目的"浙江模式"和"浙江经验"（盛世豪，2008），这个过程经历了五次转型。第一次转型（1978—1991年）[①]：农村工业化。为了发展工业经济，又基于资源匮乏，浙江开始通过"村村点火、户户冒烟"发展农村工业化，形成大量劳动密集型产业。为了解决产品的出路，浙江推进以小商品市场和各级各类专业批发市场建设为核心的"市场化"工程。第二次转型（1992—2001年）[②]：初步工业化。浙江推进以市场化改革为导向的国企改革，释放了体制活力，形成了丝绸、轻工、食品和建材四大传统产业与

---

① 即从1978年党的十一届三中全会到1992年邓小平南方谈话之前。
② 即从1992年邓小平南方谈话开始，党的十四大提出"社会主义市场经济"到2001年底我国加入WTO前。

机械、电子、化工和医药四大新兴产业，形成了以外向型经济为特色的浙江块状经济雏形（兰建平，2008）。当时，全省制造业集聚区经济总量已占全省经济的1/3。同时，浙江继续大力发展专业化市场，到"八五"时期末，全省有各类市场4480多个（以义乌中国小商品城为典型），市场总面积达2100多万平方米，经营户70多万户，年成交总额近2800亿元。浙江成为名副其实的"市场大省"（兰建平，2008）。第三次转型（2002—2008年）：新型工业化建设。推进要素与投资驱动向创新驱动转变，实施以"两化融合"为主的新型工业化。在存量方面，解决了占经济比重60%左右的劳动密集型块状经济的低端化问题。在增量方面，提出在全省建设"10个左右全国性制造中心、20个左右国内重要的产业基地"，努力实现块状经济向产业集群转变。第四次转型（2009—2015年）：制造业和服务业两轮驱动发展。浙江在推进42个产业集群转型升级的基础上，建设了14个省级产业集聚区作为经济发展的新增长点、产业发展的新制高点，积极发展服务业，特别是电子商务，积极培育发展生态型组织（徐梦周，2015）。2013年，浙江服务业增加值占GDP的比重已达到46.1%，服务业对GDP增长的贡献率达到47.2%（黄勇，2015）。同时，还积极发展先进制造业。第五次转型（2016年至今）：建设"两富两美"的现代化浙江。重点发展特色小镇和以电子商务、大数据云计算等为代表的信息经济。目前，特色小镇建设初具特色，电子商务成绩斐然[①]（张汉东，2016）。

综观浙江产业集群发展的整个过程，在发展动力上表现为从市场驱动向创新驱动发展，在产业集聚上表现为从农村工业化、初步工业化、新型工业化、"制造业＋服务业"的两轮驱动向"两富两美"的现代化浙江发展，在空间形态上表现为从产城分离的产业集群向产城共融的特色小镇发展（图1.1）。

---

① 浙江的网络零售额约占全国的1/5，电商主体约占全国的1/4。

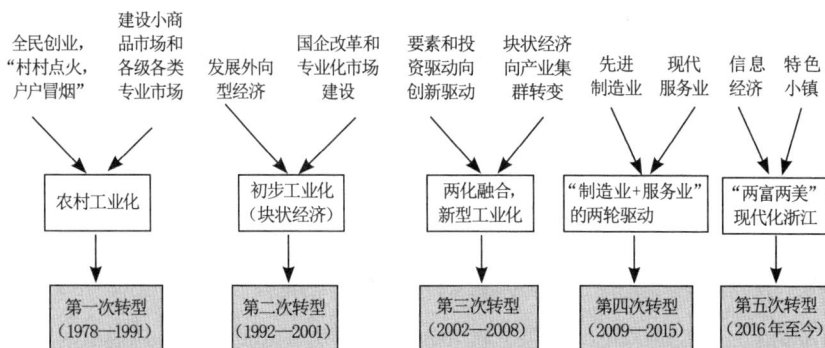

图 1.1　浙江经济五次转型

（二）开发区发展模式的演化：以我国经开区和高新区为例

自改革开放以来，我国存在着一种以政府行政力量为主的开发区发展模式。开发区，一般是指在城市周边划定一块地域空间进行基础设施建设、吸引相同或相关企业及支撑机构入驻，发展并实行相应政策管理的经济园区（陈耀，2017）。据中华人民共和国商务部网站和中国开发区网站提供的信息，目前全国共有各类国家级开发区626个，具体包括：经济技术开发区219个、高新技术开发区156个、保税区12个、出口加工区63个、边/跨境经济合作区17个、综合保税区52个、保税港区14个、新区18个、自贸区11个、自主创新示范区17个、境外产业园区14个和其他国家级开发区33个（前瞻数据库，2017a）。

我国经济技术开发区和高新技术开发的设立源于1979年设立经济特区的成功实践。自1984年我国创办第一批国家级经济技术开发区（简称经开区）和1988年创办第一个国家级高新技术开发（简称高新区）以来，我国总体经历了初创期（1984—1991年，批准成立经开区16个、高新区27个）、稳定发展期（1992—1999年，批准成立经开区18个、高新区27个）、调整发展期（2000—2009年，批准成立经开区22个、高新区2个）和快速发展期（2010—2017年，批准成立经开区163个、高新区100个）这四个阶段（图1.2）。

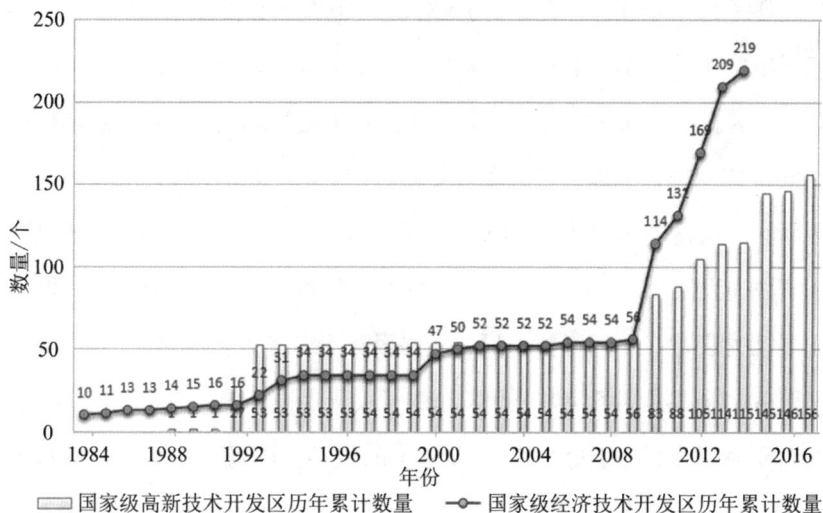

图 1.2 国家级经开区和高新区历年累计批准数量

注：数据参考相关资料加工整理而成（张志强，2016；前瞻数据库，2017b；新华社，2017；中国高新技术产业开发区，2017）。

改革开放初期，我国为解决经济萧条所带来的就业压力和发展的资金匮乏问题，急需引进劳动密集型外资产业（张克，2004）。1984年，国务院批准设立了14个沿海开放城市，并在这些城市设立我国首批的10个国家级经开区，到1991年，共有16个国家级经开区。设立经开区的成功，为"发展高科技，实现产业化"打下了基础（陈宏胜，2016）。1988年5月，我国创办了第一个国家级高新区（中关村科技园区），并于1991年在天津、上海、广州、深圳、大连等沿海城市和哈尔滨、武汉等内陆重要城市创办了27个高新区，这标志着我国开发区建设进入了"初创期"。随着1992年邓小平南方谈话，我国开始引进和培育电子计算机和汽车零配件等资本密集型产业（张克，2004），1992—1994年，国务院先后在重庆等5个长江沿岸城市，哈尔滨等4个边界、沿海地区的省会城市，太原等11个内陆省会城市批准成立了第二批18个国家级经开区，到1999年，国家经开区数量达到了34个。与此同时，此阶段共批准成立国家级高新区27个，总数达到54个。至此，我国开发区建设进入了"稳定发展期"。在21世纪头十年，开发区建设进入"调整发展期"，此阶段批准成立经开区22个和高新区2个。为应对2008年欧洲金融危机，2009年下半年开始启动了省级经开区升级工程，有79个省级经开区陆续升级为国家级经开区。在2010—2014年，全国共有批准成立的国家级经开区163个，到2017年年底，全国共有国家级经开区219个。在此阶段，国家级高新区累计审批成立100个，到2017年，总数达到了156个。开发区建设进入了"快速发展期"。尽管开发区对我国经济发展做出了重要贡献，但其发展动力衰减、功能定位模糊、发展目标不清等诸多问题已日益显现。按照2017年1月国务院办公厅发布的《关于促进开发区改革和创新发展的若干意见》（国办发〔2017〕7号）的精神（国务院办公厅，2017），未来开发区的发展目标是"四区一动力"，即要使开发区成为新型工业化发展的引领区、高水平营商环境的示范区、大众创业万众创新的集聚区、开放型经济和体制创新的先行区，并形成经济增长的新动力。其功能定位为坚持以产业发展为主（成为本地区制造业、高新技术产业和生产性服务业集聚的发展平台，成为实施制造强国战略和创新驱动发展战略的重要载体），并在突出生产功能的基础上统筹生活区、商务区、办公区等城市功能建设，促进新型城镇化发展，最终打造世界级产业集群。

综观开发区发展的整个过程，在发展动力上表现为从政策驱动、投资驱动向创新驱动发展，在产业集聚上表现为从劳动密集型产业、资本密集型产业向技术密集型产业发展，在空间形态上表现为从空间孤岛型、飞地型向产城联动发展，且以"四区一动力"为目标，产城共融为特征的现代新型空间组织发展（图1.3）。

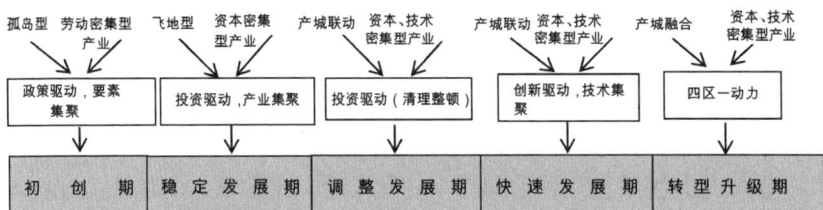

图1.3　开发区的四次发展历程和未来发展方向

二、产业集群和开发区向特色小镇演化

尽管产业集群和开发区对我国经济发展做出了重要贡献：浙江集群经济总量已占全省经济总量的70%左右，且两类国家级开发区合计经济产出也已占全国经济总量的1/3（陈耀，2017）。但综观两类发展模式的演化，均表现为发展动力正由市场和政策驱动向创新驱动转变，产业发展正由劳动资本密集型向知识技术密集型转变，空间形态正由产城分离向产城共融转变。因此，未来我国区域经济发展需要新的发展理念、发展目标和发展动力。特色小镇作为介于产业集群和开发区之间的一种中间组织和新的发展模式，在解决以下三大瓶颈上体现出了其独特的作用。

第一，发展理念瓶颈。不管是开发区还是产业集群，两者都存在开发序列特征（曹前满，2017），前者按照"省会城市—地（市）—县（区）"的梯度开发原则，后者是沿海部分地区对行政配置资源制度的一种"反抗性"制度创新，这些都是发展不平衡的产物，具有"让部分地区先富起来"的特征，这与党的十九大提出的平衡发展理念不吻合。作为能打破地域和原有基础限制的特色小镇，它既可分布城市也可落户农村，既可对原有开发区和集群升级也可作为新产业培育。

第二，发展目标瓶颈。不管是开发区还是产业集群，两者都是定位于相对偏僻或远离城市中心，都以产业为载体，以经济发展为目标，存在着重生产轻生活和生态、重产值轻技术、重大企业轻中小企业现象，呈现了"工业园化"和"房地产化"。原发展模式由于不重视环境，留下了大量"毒地"，影响了可持续发展（陈宏胜，2016），这与对美好生活的向往不相适应，其突出的表现是与"产城共融"理念不吻合（曹前满，2017；周正柱，2017）。特色小镇作为一种新的发展载体，能实现产、城、人、地、业、居六要素之间的协调发展（杨雪锋，2016）。

第三，发展动力瓶颈。不管是开发区还是产业集群，均面临发展速度和发展质量递减的困境。一方面，开发区作为一种"渐弱式"的市场

替代机制（韩亚欣，2015），随着各地争相希望获得"制度红利"，这种"制度红利"逐渐弱化（高超，2015）。另一方面，随着开发区和产业集群的产业升级，现阶段劳动力、基础设施建设和吸引外资已不再重要，人才和创新投入已成为影响开发区绩效的最关键因素（雷曙光，2017），但它们很难提供人才所需要的生活设施和城市化的功能。特色小镇作为一种新的制度安排，能保证实现经济高质量发展。

三、特色小镇与产业集群和开发区的比较

特色小镇之所以能解决上述三大瓶颈，关键在于它能推进生产、服务和空间的三大转型（陈宏胜，2016），最终实现生产、生活和生态的"三生共融"。特色小镇能实现生产转型，使区域经济发展动力从外生的"制度红利"转化为产业内生的创新活力，以保证区域经济可持续发展，实现服务和空间的转型，真正实现"产城共融"，确立新的发展理念。

首先，特色小镇能实现生产转型，使发展动力从外生的"制度红利"转化为产业内生的创新活力，保障特色小镇可持续发展。从产业而言，特色小镇在产业数量上有别于产业集群（围绕一个产业）和开发区（具有多个产业），而是以一个主导产业为主（特色）同时兼有其他相关产业，呈现"1＋N"的产业特征。因此，特色小镇是介于产业集群和开发区之间的一种中间组织（图1.4）。特色小镇的"特"主要体现在主导产业的特色，没有产业基础，特色小镇也就不存在。具体而言，包括以下两个方面：一方面，特色小镇建设要立足特色产业，体现地方特色。比如浙江在推动特色小镇发展上，明确"在产业上聚焦信息、环保、健康、旅游、时尚、金融、高端装备制造等七大产业，兼顾茶叶、丝绸、黄酒、中药、青瓷、木雕、根雕、石雕、文房等历史经典产业"。另一方面，特色小镇的建设要通过"建链、延链和补链"，以保证其主导产业链的不断提升。浙江之所以提出特色小镇建设，一个重要的出发点，就是希望赋予浙江两大特色产业（传统经典产业和块状经济主导产业）新的发展内涵、新的建设路径、新的组织形式，以焕发新的生命力。对于战

略性新兴产业，关键在于"建链"，对于传统优势和特色产业，关键在于"延链和补链"，促进产业链、创新链、人才链等耦合，为特色小镇注入无限生机。

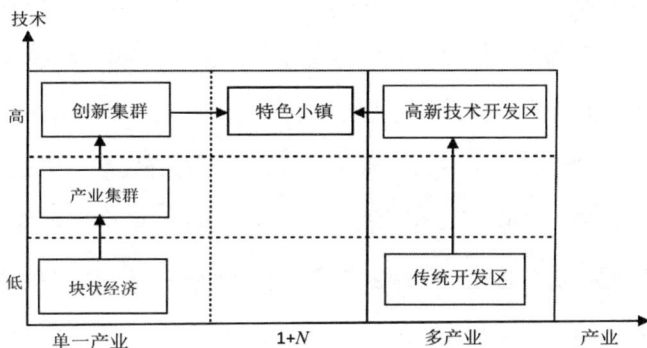

图 1.4　基于"产业 + 技术"的区域经济发展路径

其次，特色小镇能实现服务转型，实现"产城共融"。特色小镇的服务转型主要包括主导产业服务化和培育服务业，这里有三层意思。第一，要加快主导产业（制造业）服务化，向研发、设计、营销等价值链高端发展。第二，要在制造业为主体的特色小镇培育服务业。要根据当地的条件，积极发展历史文化型、旅游休闲型、农业服务型和民族聚居型等特色小镇。另外，无论是旅游类特色小镇还是非旅游类特色小镇，"旅游功能"的实现都不应该局限于"特色小镇"之内。布局特色小镇旅游要有全域旅游意识，特色小镇建设要与区域旅游节点相吻合，有助于串联"传统景区—特色小镇"，这不仅使区域内形成"特色小镇"旅游网络，也能与周边其他旅游资源形成协同效应。第三，要使特色小镇保持可持续发展，必须使其宜居、宜医、宜学和宜商，且具有内在的创新创业功能。因此，营造良好的创新创业氛围和保证创新创业的必要条件在特色小镇建设中具有重要的作用。

最后，实现空间转型，使特色小镇能够打破地域和原有基础限制。特色小镇不是为了替代产业集群和开发区，而是在空间转型上体现上述两者难以具备的新功能。第一，它可以分布城市也可以落户农村，只要有产业特色都可以发展特色小镇。第二，它可以完全是新空间的培育，也可以在原有开发区和产业集群内部的一个小空间培育。第三，它可以在原有开发区和产业集群基础上转型而成。这种"非城非镇"的新模式，可以避免走打造"综合性新城"的"摊大饼"式的老路。第四，要实现特色小镇与当地区域空间的融合，即特色小镇建设要与城市未来发展的节点和脉络相吻合，以防止特色小镇建设与城市发展出现"两张皮"现象，实现"市区、小城镇、特色小镇"三者互补发展。第五，要塑造人文特色。特色小镇建设要挖掘"小镇的文化内涵"，这是特色小镇的"魂"。因此，要在茶叶、丝绸、黄酒、中药、青瓷、木雕、根雕、石雕、文房等历史经典产业上做足文章。

特色小镇建设是回应党的十九大报告提出的"中国特色社会主义进入新时代，我国社会主要矛盾已经转化为人民日益增长的美好生活需要和不平衡不充分的发展之间的矛盾"，是解决区域经济发展不平衡，实现由先富起来向强起来的重要实践探索。特色小镇建设并不是要替代产业集群和开发区，它既是开发区和产业集群转型升级的一条重要途径，也是开发区和产业集群以外的一种新选择。

特色小镇的特色在于产业，主体也是产业，必须把孵化和培育特色产业作为其建设的关键；特色小镇的活力在于创新，发展动能也是创新，要把集聚高端要素、构筑以产业创新为导向的产业生态作为其建设的定位；特色小镇的底蕴在于历史人文内涵，可持续性也在于历史人文内涵，必须把注重历史人文内涵的挖掘作为其建设的重要基础；特色小镇建设要注重创建和保持一流的生态环境，充分体现绿色发展理念，实现产业发展与生态保护之间有机统一（盛世豪，2016）。因此，在特色小镇建设中，产业定位不能"大而全"，力求"特而强"；功能叠加不能"散而弱"，力求"聚而合"；建设形态不能"大而广"，力求"精而美"；制度供给不能"老而僵"，力求"活而新"。

第二节 特色小镇研究概述

一、特色小镇的内涵

浙江省特色小镇的产生和发展，源于浙江省特有的经济发展方式。浙江省最初是要素集聚和企业集聚形成的块状经济发展模式，在中国经济进入新常态的背景下，其发展的弊病逐步显露，主要是块状经济产业低端、创新度低、资源利用率低、空间资源限制、有效供给不足以及高端要素聚合度低，这些弊病与创新驱动经济发展模式是不相符的，也会使浙江经济发展后劲不足。因此需要通过以创新要素集聚为特征的特色小镇的发展方式来推动浙江经济转型升级。

（一）特色小镇内涵的界定

浙江省特色小镇的发展是基于浙江省为加快区域创新发展，推进供给侧结构性改革和新型城市化，加快高端要素集聚、产业转型升级和历史文化传承，推动经济平稳健康发展和城乡统筹发展等目标提出的一种促进区域经济发展的创新型载体。浙江省原省长李强提出：特色小镇不是行政区划单元上的"镇"，也不同于产业园区、风景区的"区"，而是按照创新、协调、绿色、开放、共享发展理念，结合自身特质，找准产业定位，科学进行规划，挖掘产业特色、人文底蕴和生态禀赋，形成"产、城、人、文"四位一体有机结合的重要功能平台。

非行政建制镇是浙江省特色小镇的特征之一。浙江省特色小镇的定义与传统意义的行政建制小镇定义相去甚远，名中虽带"小镇"，实际上却不是行政"镇"的概念，其所在地可以在任何区域，并不受行政建制镇地域的局限（来佳飞，2015）。

非传统产业园区是浙江省特色小镇的特征之二。特色小镇不是产业园区，也不是传统旅游型小镇，而是一种高端要素集聚的经济发展载体。

浙江省特色小镇的发展落脚点和核心是产业，特色小镇通过聚集高端要素，为构建特色产业构成了良好的产业生态系统，进而推动小镇的可持续发展。因而可以说，特色小镇是一种产业空间组织形式，是块状经济和产业集群演进发展的必然结果，也是区域经济从投资驱动转向创新驱动的内在要求（盛世豪 等，2016）。特色小镇的发展主要通过生活、生产、生态"三生"融合发展的方式，在功能叠加上讲究"聚而合"，在建设形态上讲究"精而美"，在产业定位上力求"特而强"（李强，2016）。"特色小镇"的"特色"，不仅仅体现在产业集聚的特色，也不仅仅是经济发展的招牌，而是由人们的生活水平、生活方式（包括其物质的、制度的、精神的形态）自然融合而成、独具性格的生活形态（王小章，2016）。

（二）特色小镇形成、发展的理论解释

从对特色小镇发展的现状和现有对特色小镇研究的观点看，特色小镇是一个综合体，其首要功能是作为产业聚合发展的一种新载体。从特色小镇的特点来看，特色小镇是基于某一特色产业，并以进一步提升现有产业创新发展水平为目标发展起来的，产业集群的相关理论可以作为特色小镇的理论源头。熊彼特认为，技术创新及其扩散促使具有产业关联性的各部门的众多企业形成集群。因为创新不是孤立事件，并且不在时间上均匀分布，相反，它们趋于集群，或者说成簇地发生。所以以产业企业集聚为基础的特色小镇是破解浙江高端要素聚合度不够的重要抓手，也符合创业生态进化规律。

浙江省特色小镇的理念是"产、城、人、文"四位一体，其中突出强调了产业作为其核心的地位。特色小镇战略目标从本质上来说是实现产业的转型和升级（李强，2016），可以说特色小镇建设本质上是一个产业选择和发展问题（兰建平，2015）。浙江省每个特色小镇都以独特的产业定位为核心，主要聚焦信息、环保、健康、旅游、时尚、金融、高端

装备制造等七大产业，并兼顾浙江的历史经典产业。浙江省特色小镇，有其现有的"肥沃土壤"，即浙江的块状经济。建设特色小镇，是在原有基础上，推进产业集聚、产业创新和产业升级，这与原来"一镇一品"的发展基础和发展需求形成了良好的互动，有助于形成一种新的区域经济形态（金永亮，2016）。浙江省的特色小镇，大多数依托本地已具有的产业基础进行产业升级和转型，比如余杭艺尚小镇，该小镇紧邻国家级余杭经济技术开发区、杭州四季青服装批发市场、乔司服装加工区（80%以上杭派女装在此加工）和海宁皮革城、海宁中国家纺城、桐乡羊毛衫基地、湖州丝绸基地、柯桥中国轻纺城等区域产业集群基地，具有相当厚实的产业集聚基础（王璐，2016）。可见，产业集聚和发展仍是特色小镇产业发展的核心（盛世豪 等，2016）。

二、特色小镇的研究视角

（一）基于新型城镇化视角的特色小镇研究

从理论研究的视角看，特色小镇的发展也可以从新型城镇化的角度去分析。特色小镇可有效推动新型城镇化（陆佩 等，2020），突破了新型城镇化中的产业结构不合理、人才引进困难、科技创新缺乏、城镇缺乏特色等问题（杨保军，2016；汪千郡，2016），促进了城乡融合（程响 等，2018）。

自2002年以来，小城镇的发展逐渐得到重视，并取得了非常显著的成效。然而在这个过程中，小城镇发展依旧面临着一系列瓶颈和障碍：产业结构不合理，重点产业不突出；人才引进困难，科技创新缺乏；管理系统落后，生态问题严重；文化内涵单调，城镇缺乏特色。而"特色小镇"的出现，很好地规避了这些问题。因为特色小镇与传统小镇有所不同，在形态上，它既可以是大城市周边的独立社区，也可以是城市内部相对独立的街区，因此可以共享城市的社会服务和福利；在产业上，它依托某一特色产业，打造完整的产业生态链，能够最大限度地吸引人才，推动创新；在环境上，小镇着力打造3A级以上景区，能有力地推动小镇环境问题的解决。

特色小镇的建设使浙江省新型城镇化建设从原先关注产业规模到更加关注空间品质，从关注物到更加关注人，以供给侧结构性改革引领规划理念、思路，使浙江的新型城镇化走上一条可持续发展之路（陈前虎，2016）。新型城镇化最重要的就是产城融合、城乡一体、以人为本，而特色小镇的内涵正符合此新型城镇化的要义。杭州玉皇山南基金小镇就是典型的新型城镇化小镇，该基金小镇区位，符合"邻近城市中心、位于城郊接合部"等浙江特色小镇创建要求（安诣彬，2016）。

特色小镇也会通过促进城乡一体化来促进新型城镇化发展（陈炎兵，2016）。浙江部分特色小镇地处城市和农村的接合部，是推进城乡发展一体化的重要战略支点，具有连接城乡发展、承接产业转移、传递城市文明的重要作用。特色小镇，尤其是以传统产业为主的特色小镇，连接着城市和农村，成为工业和农业、城市和乡村形成整体发展的重要节点（苏斯彬 等，2016）。

（二）基于产业转型升级视角的特色小镇研究

特色小镇是一种产业空间组织形式（白小虎 等，2020），是实现产业转型和升级的一个综合性发展平台（李强，2016），特色小镇都要以其独特的产业定位为核心（兰建平，2015）。

可以说以产业链思维培育和建设特色小镇是浙江特色小镇的重要特色之一（白小虎 等，2020；兰建平，2015）。特色小镇建设是促进创新创业要素集聚进而培育新产业的重要途径，也是集聚高端要素、集聚促进传统产业升级的重要途径。浙江的特色小镇就是将文化、旅游、社区功能叠加到产业发展，着力打造集产业链、投资链、创新链、人才链、服务链等要素，最终推动新产业的形成和发展。特色小镇通过产业结构的高端化推动浙江制造供给能力提升，通过发展载体的升级推动浙江历史经典产业焕发青春、再创优势。

浙江区域产业集聚的发展都是以传统劳动密集型产业为主体。浙江早期的产业集聚发展模式主要是同类产品生产工厂的集聚，分工协作主要局限在生产环节之间；浙江后期的产业集聚发展模式不仅是特色产业的生产基地，也是特色产业的专业市场，即是同类产品"生产＋市场"的集合体，产业集群内部既有产业内分工，也有产业间分工，是传统经济增长模式下重要的产业空间组织形式，是产业集群后的一种新的产业发展模式（郑健壮，2019）。特色小镇则是集新兴产业或特色产业的创新、生产、销售、服务于一体的新兴产业空间组织形式，它将创新、绿色、开放、人文等理念嵌入产业发展过程中，通过集聚高端要素提升产业（企业）创新能力和产业发展水平，通过集聚相关企业提升产品竞争力、增强有效供给能力，将历史人文因素整合至产业提升过程，使产业的发展形成产业链、创新链、服务链、要素链有机融合的体系，进而优化产业生态位、完善产业创新水平（白小虎 等，2020；兰建平，2015）。

（三）基于政府治理视角的特色小镇研究

特色小镇创建与运营成功的关键是正确处理政府和市场之间的关系（王璐，2016）。政府与市场、社会资源建立更加高效的协同合作关系是建设特色小镇的关键（周鲁耀 等，2017）。有文献通过研究单个特色小镇的规划与运行，阐释了特色小镇的建设内涵，以及支撑特色小镇发展的要素组成（徐梦周 等，2016）。

浙江省创建特色小镇的总体要求中明确提出了"要坚持政府引导、企业主体、市场化运作"，也对政府提出了"加强政府引导和服务保障"的新要求。特色小镇作为浙江省产业转型升级的载体，其成功的关键是处理好政府和市场之间的关系。如浙江龙泉中国青瓷小镇，它在资源配置的市场化运作过程中，逐步实现了从"政府主导"到"政府引导"的角色重构（王璐，2016）。针对建设特色小镇这样一项全新的工作，面对如何处理好政府与企业的关系，政府在发挥引领作用的同时应充分挖掘市场的力量，这对缺乏经验的政府来说是一个严峻的挑战。还应从定位、补位、到位三个方面分析政府的角色（张蔚文，2016）。在推动产学研合作和特色小镇建设方面，政府应该做什么、不应该做什么，是一个很重要的问题（王志强，2017）。政府需要做好以下三个方面工作：一是制定政策，做好顶层设计；二是营造环境，搭建服务平台，构建生态体系；三是做好监管。

也有文献从社会治理的视角，提出特色小镇的政策设计与社会治理存在相同的理念（张蔚文，2019），浙江省特色小镇的建设非常强调社区建设和治理（王志强，2017）。浙江省特色小镇是四大功能"聚合"的"化学产物"，是四大功能的有机统一，是宜居、宜业、宜游的小镇。特色小镇不是行政区划单元的"镇"，而是产业发展载体；也不是产业园区的"区"，而是同业企业协同创新、合作共赢的企业社区；更不是政府大包大揽的行政平台，而是企业为主体、市场化运作、空间边界明确的创新创业空间（金永亮，2016）。

三、特色小镇的评价标准

浙江省原省长李强说过，小镇是解决浙江省空间资源瓶颈、有效供给不足、高端要素聚合度不够等困境的重要抓手。这说明评价一个成功的小镇至少需要从小镇是否解决了以上三个经济发展难题来进行。判断特色小镇的标准还在于其特色是否鲜明，而评判其成功与否则在于它在特色领域内的地位，如果一个小镇不够有特色，其支柱产业也不够高端，那就难以称之为特色小镇（来佳飞，2015）。

建设特色小镇的主要目的是推动产业发展，然而产业发展本身却不一定带有特色，因此特色需要通过特色小镇的运营和治理来实现，要通过产业、文化、旅游协同发展，通过生产、生活、生态"三生合一"等途径来实现。但现实中，部分特色小镇建设会把产业发展架空，直接去追逐物理环境的特色。对于特色小镇而言，经济效益和生态效益相结合是理想状态，产业和旅游结合起来也是理想状态，但不能将上述标准简单应用于所有的特色小镇建设，而是需要根据产业本身属性、小镇地理位置等因素综合考虑，进行有机结合才能真正打造特色小镇。浙江省原省长李强曾说过，"产业园＋风景区＋文化馆＋博物馆"的大拼盘不是浙江要的特色小镇，浙江要的是有山有水有人文，让人愿意留下来创业和生活的特色小镇。因此，创建特色小镇需要深挖、延伸、融合产业功能、文化功能、旅游功能和社区功能，避免生搬硬套、牵强附会，要真正产生叠加效应、推进融合发展，真正做到将产业、旅游与文化三者有机融合。

第三节　特色小镇发展之浙江实践

一、浙江特色小镇的起源

尽管"特色小镇"概念并非浙江首创，其灵感既来自国外特色小镇（如美国的硅谷、瑞士的达沃斯小镇等）的魅力，也受到国内其他地区小城镇建设实践的启示，但浙江无疑是当前国内特色小镇建设实践的一个典范。浙江的特色小镇不仅具有优越的人居环境、丰富的历史文化遗迹和特色鲜明的城市风貌，而且很多还是著名大学、著名企业的总部所在地（田傲云，2017）。

综观浙江特色小镇的发展历程，大致可分为起步研究（2014年）、全面启动（2015年上半年）和实质推进（2015年6月至今）这三个阶段。2014年10月，时任浙江省省长李强在到访杭州西湖区的云栖小镇时，首次提出了"特色小镇"这个概念。他认为，特色小镇具有的"主题方向明确、人才资金密集、文化韵味独特、建设精致宜人"特点，实现的"小空间、大产出"发展模式，与浙江地少人多、块状经济突出的特点十分吻合。2015年4月，浙江省人民政府出台了《关于加快特色小镇规划建设的指导意见》（浙政发〔2015〕8号），提出"将重点培育和规划建设100个左右特色小镇，在产业上聚焦信息、环保、健康、旅游、时尚、金融、高端装备制造七大产业，并兼顾茶叶、丝绸、黄酒、中药、青瓷、木雕、根雕、石雕、文房等历史经典产业"，这标志着浙江特色小镇的规划建设工作开始全面启动。2015年6月，浙江省专门成立了"浙江省特色小镇规划建设工作联席会议"及日常办公机构，明确了特色小镇的工作组织架构并出台了《浙江省特色小镇创建导则》（浙特镇办〔2015〕9号），且于2015年（37个）、2016年（42个）和2017年（35个）分三批公布了共114个省级特色小镇的创建名单。至此，浙江特色小镇建设已从"纸上概念"走向"落地实施"阶段。浙江特色小镇建设还得到了中央领导的充分肯定。2015年12月底，习近平总书记对浙江省"特色小镇"建设做出了重要批示，指出特色小镇大有可为，对经济转型升级、新型城镇化建设，都有重要意义，浙江着眼供给侧培育小镇经济的思路，对做好新常态下的经济工作也有启发。

从2014年10月，时任浙江省省长李强在云栖小镇首次提出发展浙江特色小镇的概念，到2015年初，加快建设一批特色小镇被列入省政府2015年重点工作议程，浙江全省在省委、省政府领导下，积极挖掘地方特色，投入到了特色小镇的规划建设大潮中。截至2018年3月，列入浙江省省级创建特色小镇名录的小镇数量为113个。

浙江省的特色小镇是具有明确产业定位、文化内涵、旅游功能、社区特征的空间载体。特色小镇不仅是产业发展载体，企业协同创新、合作共赢的企业社区，更是以企业为主体、市场化运作、空间边界明确的创新空间、创业空间。特色小镇的定位是：特色小镇必须是承接全球新一轮科技革命和产业变革的先进地；必须是践行新发展理念、深化供给侧结构性改革的示范地；必须是助推转型升级、加快实现两个高水平（高水平全面建成小康社会，高水平推进社会主义现代化建设）的生力军。因此要严格按照特色小镇的概念内涵来推进建设。

二、浙江特色小镇建设现状

（一）浙江特色小镇建设的时间维度

浙江特色小镇按照分批分层建设的原则逐步推进。从现有的创建过程看，浙江特色小镇可以分为培育层次、创建层次和验收合格接受省政府命名三个层次。浙江省在2015年6月公布了第一批特色小镇创建名单37个，2016年10月公布了第二批创建名单42个，培育名单51个，2017年8月公布了第三批创建名单35个，培育名单18个。2017年8月，正式被命名为浙江省特色小镇的只有2个——上城玉皇山南基金小镇和余杭梦想小镇。2018年8月，浙江省特色小镇规划建设工作现场推进会在余杭举行，省政府正式命名西湖云栖小镇、余杭艺尚小镇、诸暨袜艺小镇、德清地理信息小镇、桐乡毛衫时尚小镇为第二批省级特色小镇，包括2017年8月被正式命名的首批2个省级特色小镇（上城玉皇山南基金小镇、余杭梦想小镇）在内，被正式命名的浙江省级特色小镇已达到7个（见表1.1）。

表1.1　浙江省特色小镇创建数量

公布批次	2015年6月	2016年10月	2017年8月	2018年8月
第一批创建数量	37个		摘牌1个	
第二批创建数量		42个		
第二批培育数量		51个		
第三批创建数量			35个	
第三批培育数量			18个	
正式命名省级小镇数量			2个	7个

数据来源：浙江省发展改革委、浙江在线、前瞻产业研究院。

（二）浙江特色小镇建设的空间维度

浙江版本的特色小镇，集中位于城市郊区，其基础是城市经济，主要是生产、生活、生态景观相融合，"非园区、非社区、非景区"为特征，范围为3平方公里，核心区为1平方公里，"产、城、人、文"四位一体化的特色空间的聚落。截至2019年7月，从浙江省创建特色小镇的区域分布看，杭州的特色小镇数量最多，达到29个，远超出省内的其他10个地区；舟山数量最少，只有3个特色小镇；宁波、嘉兴、丽水处于第二层次，分别是18个、14个和12个。

从区域经济发展水平看,丽水的经济发展水平相对低于绍兴、湖州、金华,但其特色小镇的数量则较多。基于此,可以说特色小镇的创建数量与经济发展水平并非完全相称,而是与特色产业数量有关,这一点需要从特色小镇的产业分布去看。

特色小镇的发展基于当地的产业特色,侧重点在于产业发展层次的提升。浙江省特色小镇的产业特色围绕两个维度展开:一是针对七大战略新兴产业;二是基于历史经典产业。

1. 杭州市特色小镇建设现状

截至2019年7月,杭州市共有省、市级特色小镇47个,其中省级29个(详见表1.2),占全省的1/4;市级18个[①]。杭州市特色小镇集聚的产业主要分布在信息产业、旅游产业、时尚产业、金融产业、大健康产业等领域。

表1.2 杭州市省级特色小镇创建名录(截至2019年7月)

第一批创建名录	第二批创建名录	第三批创建名录	第四批创建名录
上城玉皇山南基金小镇	下城跨贸小镇	上城南宋皇城小镇	拱墅智慧网谷小镇
江干丁兰智慧小镇	拱墅运河财富小镇	淳安千岛湖乐水小镇	西湖西溪谷互联网金融小镇
西湖云栖小镇	滨江物联网小镇	滨江互联网小镇	滨江智造供给小镇
西湖龙坞茶镇	萧山信息港小镇	萧山湘湖金融小镇	萧山机器人小镇
余杭梦想小镇	桐庐智慧安防小镇	杭州东部医药港小镇	余杭人工智能小镇
余杭艺尚小镇	建德航空小镇		杭州大创小镇
富阳硅谷小镇	富阳药谷小镇		
桐庐健康小镇	杭州湾花田小镇		
临安云制造小镇	西湖艺创小镇		

2. 宁波市特色小镇建设现状

截至2019年7月,宁波市有省级特色小镇18个(详见表1.3)。其产业主要分布在高端装备制造业、金融产业、旅游产业、大健康产业等领域。

---

① 数据来源:浙江新闻在线 http://tsxz.zjol.com.cn/xwdt/201906/t20190613_10327466.shtml.

表1.3 宁波市省级特色小镇创建名录（截至2019年7月）

第一批创建名录	第二批创建名录	第三批创建名录	第四批创建名录
江北动力小镇	鄞州四明金融小镇	镇海I设计小镇	鄞州现代电车小镇
梅山海洋金融小镇	余姚模客小镇	慈溪小家电智造小镇	余姚机器人智谷小镇
奉化滨海养生小镇	宁海智能汽车小镇	海曙月湖金汇小镇	慈溪息壤小镇
	杭州湾新区滨海欢乐假期小镇	江北前洋E商小镇	宁海森林温泉小镇
		余姚智造光电小镇	
		宁波杭州湾汽车智造小镇	
		象山星光影视小镇	

3.湖州市特色小镇建设现状

截至2019年7月，湖州市有省级特色小镇9个（详见表1.4）。湖州市特色小镇产业主要集中在经典特色产业、新能源产业、文创产业等领域。

表1.4 湖州市省级特色小镇创建名录（截至2019年7月）

第一批创建名录	第二批创建名录	第三批创建名录	第四批创建名录
湖州丝绸小镇	吴兴美妆小镇	德清通航智造小镇	南浔智能电梯小镇
南浔善琏湖笔小镇	长兴新能源小镇	长兴县太湖演艺小镇	
德清地理信息小镇	安吉天使小镇		

4.嘉兴市特色小镇建设现状

截至2019年7月，嘉兴市有省级特色小镇14个（详见表1.5）。嘉兴市特色小镇产业主要集中在时尚产业、机电产业、旅游产业、互联网产业等领域。

表1.5 嘉兴市省级特色小镇创建名录（截至2019年7月）

第一批创建名录	第二批创建名录	第三批创建名录	第四批创建名录
南湖基金小镇	秀洲光伏小镇	海宁阳光科技小镇	平湖光机电小镇
嘉善巧克力甜蜜小镇	平湖九龙山航空运动小镇	嘉善归谷智造小镇	
海盐核电小镇	桐乡乌镇互联网小镇	秀洲智慧物流小镇	
海宁皮革时尚小镇	嘉兴马家浜健康食品小镇	平湖国际游购小镇	
桐乡毛衫时尚小镇			

5.绍兴市特色小镇建设现状

截至2019年7月，绍兴市有省级特色小镇9个（详见表1.6）。绍兴市特色小镇产业主要集中在旅游产业、经典传统产业、环保产业、文化产业等领域。

表1.6　绍兴市省级特色小镇创建名录（截至2019年7月）

第一批创建名录	第二批创建名录	第三批创建名录	第四批创建名录
越城黄酒小镇	柯桥酷玩小镇	诸暨环保小镇	诸暨珍珠小镇
诸暨袜艺小镇	上虞e游小镇	嵊州越剧小镇	
	新昌智能装备小镇	新昌万丰航空小镇	

6.丽水市特色小镇建设现状

截至2019年7月，丽水市有省级特色小镇12个，丽水市只有前三批创建特色小镇，浙江第四批省级特色小镇创建公布时，丽水市没有小镇入选（详见表1.7）。丽水市特色小镇产业主要集中于历史经典产业、旅游产业等领域。

表1.7　丽水市省级特色小镇创建名录（截至2019年7月）

第一批创建名录	第二批创建名录	第三批创建名录
莲都古堰画乡小镇	龙泉宝剑小镇	丽水绿谷智慧小镇
龙泉青瓷小镇	庆元香菇小镇	云和木玩童话小镇
青田石雕小镇	缙云机床小镇	青田千峡小镇
景宁畲乡小镇	松阳茶香小镇	遂昌汤显祖戏曲小镇

7.金华市特色小镇建设现状

截至2019年7月，金华市有省级特色小镇11个（详见表1.8）。金华市特色小镇产业主要集中于旅游产业、传统经典产业、金融产业、制造业等领域。

表1.8　金华市省级特色小镇创建名录（截至2019年7月）

第一批创建名录	第二批创建名录	第三批创建名录	第四批创建名录
义乌丝路金融小镇	东阳木雕小镇	浦江水晶小镇	兰溪光膜小镇
武义温泉小镇	永康赫灵方岩小镇	义乌绿色动力小镇	东阳花园红木家居小镇
磐安江南药镇	金华新能源汽车小镇		义乌光源科技小镇

8. 台州市特色小镇建设现状

截至2019年7月，台州市有省级特色小镇11个（详见表1.9）。台州市特色小镇产业主要集中于医药产业、汽车制造业、传统制造业、无人机制造业、旅游产业等领域。

表1.9　台州市省级特色小镇创建名录（截至2019年7月）

第一批创建名录	第二批创建名录	第三批创建名录	第四批创建名录
黄岩智能模具小镇	温岭泵业智造小镇	台州无人机航空小镇	椒江智能马桶小镇
路桥沃尔沃小镇	天台天台山和合小镇	玉环时尚家居小镇	天台山和合小镇
仙居神仙氧吧小镇		椒江绿色药都小镇	
		临海国际医药小镇	

9. 衢州市特色小镇建设现状

截至2019年7月，衢州市有省级特色小镇8个（详见表1.10）。衢州市特色小镇产业主要集中于旅游产业、光伏产业、传统制造业、旅游产业等领域。

表1.10　衢州市省级特色小镇创建名录（截至2019年7月）

第一批创建名录	第二批创建名录	第三批创建名录	第四批创建名录
龙游红木小镇	江山光谷小镇	柯城航埠低碳小镇	衢州锂电材料小镇
常山赏石小镇	衢州循环经济小镇	常山云耕小镇	
开化根缘小镇			

10. 温州市特色小镇建设现状

截至2019年7月，温州市有省级特色小镇9个（详见表1.11）。温州市特色小镇产业主要集中于旅游产业、低压电器制造业、大健康产业等领域。

表1.11　温州市省级特色小镇创建名录（截至2019年7月）

第一批创建名录	第二批创建名录	第三批创建名录	第四批创建名录
瓯海时尚智造小镇	瓯海生命健康小镇	乐清智造电器小镇	永嘉教玩具小镇
苍南台商小镇	文成森林氧吧小镇	瑞安侨贸小镇	苍南印艺小镇
	平阳宠物小镇		

11.舟山市特色小镇建设现状

舟山市由于产业和地理特征的原因，特色小镇产业主要集中于渔业、旅游业。截至2019年7月，有3个省级特色小镇，即定海远洋渔业小镇、普陀沈家门渔港小镇和朱家尖禅意小镇。

从不同地区特色小镇主导产业的产业分布可以看出，杭州市不同的特色小镇产业覆盖了浙江省七大重点发展产业。而其他地区则根据自身区域经济发展的特点和产业特色，部分覆盖了浙江省七大重点发展产业。从地区特色小镇产业分布图可以看出，特色小镇的创建与区域经济的产业特色相对应，如丽水特色小镇集中于其历史经典产业。

可见，浙江省特色小镇的建设紧紧围绕浙江省"十三五"规划确定的七大重点发展产业，通过特色小镇建设促进七大重点发展产业的发展和提升，实现创新驱动发展。

三、浙江特色小镇发展的路径与政策

（一）浙江特色小镇发展的路径

从浙江省现有特色小镇的发展看，特色小镇建设基本发展路径就是强调政府引导、企业主体、市场化的运作方式。在这一基本路径的基础上形成了三种有差异性的路径：

一是由政府利用当地的地理优势、政府政策优势以及原有的产业园发展基础，准确定位产业，吸引相关企业入驻，逐步打造形成。其典型代表是杭州市玉皇山南基金小镇。该小镇位于杭州市上城区玉皇山南，西湖风景区南端，钱塘江北岸，规划占地面积3.2平方公里，是第一批浙江省特色小镇，由玉皇山南国际创意金融产业园演化而来。这一路径的一个重要特征就是以原有开发区、产业园区为基础，小镇的发展主要与开发区、产业园区的提升相结合；另一重要特征就是政府把握入驻企业的产业特征，打造为企业服务的体系。

二是由政府利用地理位置的优势和政策扶持全新打造而成。典型代表是杭州市拱墅运河财富小镇。拱墅运河财富小镇位于杭州市主城区中北部，东至上塘路，南至胜利河，西接湖墅路、小河路，北至湖州街，距武林广场约4公里，总规划面积约3.3平方公里。小镇有效发挥运河历史文化景观与现代城市商务空间的双重优势，充分挖掘都市新兴产业发展和居民财富管理的金融服务需求，全力打造文创产业基金集聚中心、新型资产交易中心、大众理财服务示范中心三大核心平台，重点发展文创投融资、理财服务、互联网金融三大业态。这一路径的基本特征是政府在特色小镇前期起主导作用，政府通过土地规划、招商引资政策、腾笼换鸟的措施打造形成特色小镇。可以说此类小镇的发展是在全新基础上由政府打造而成。

三是基于一家行业龙头企业，通过政府政策扶持打造形成。典型代表是富阳药谷小镇。该小镇位于富阳区胥口镇，规划面积3.62平方公里，以海正药业（杭州）公司为主导发展形成。小镇集聚了海正药业、海正辉瑞制药、瑞海医药等多家生物医药研发制造企业，形成了包括高端生物技术药物、注射和口服制剂及出口原料药三大主要业务的生物医药产业。小镇力争通过3年时间的努力，立足海正药业的产业资源优势和胥口镇的生态环境资源优势，以"医研、医造、医展、医疗、医闲"为主题，着力构建集生物医药研发孵化、生产制造、会议展览、健康服务于一体的健康全产业链，打造国际影响、国内示范的"五医"绿色小镇。这一发展路径以某一龙头企业为基础，政府与企业联手打造而成。这一路径的主要特征就是充分发挥龙头企业的作用，政府做好配套工作。

（二）浙江特色小镇的政策

特色小镇的发展主要是借助政策创新，政策创新主要体现在行政制度、土地政策和财政政策的创新。

浙江特色小镇虽非建制镇，但每个特色小镇都设有管委会。特色小镇管委会非行政机构，其角色定位就是"店小二"。推行"店小二"式服务的企业和人才进驻特色小镇，是一种真正体现服务型政府的制度创新。

特色小镇的土地政策一改以往的单纯划拨或拍卖政策，实行土地划拨与奖惩相结合的制度。如果特色小镇在原有土地指标基础上确需新增建设用地的，由各地先行办理农用地转用及供地手续，对如期完成年度规划目标任务的，浙江省按实际使用指标的50%给予配套奖励，其中信息经济、环保、高端装备制造等产业类特色小镇按60%给予配套奖励；对3年内未达到规划目标任务的，加倍倒扣省奖励的用地指标。

财政政策一改以往的预决算和划拨制度，改为财政收入的返还制度。从财政支持来看，特色小镇在创建期间及验收命名后，其规划空间范围内的新增财政收入上交省财政部分，前3年全额返还、后2年返还一半给当地财政。这样的政策保障体系，一方面极大地调动了相关企业和机构申报特色小镇建设的积极性，另一方面又不额外增加地方政府的财政负担，切实增强了在全国推广的可能性。

第二章

梦想小镇发展历史与现状

第一节　梦想小镇的发展背景

梦想小镇位于杭州市城西的未来科技城（海创园）核心区，邻近西溪湿地，其建设和发展离不开未来科技城这一特定承载地。未来科技城重点建设区规划面积为49.5平方公里，是第三批国家级海外高层次人才创新创业基地，2011年被中共中央组织部、国务院国资委列为全国四大未来科技城之一。未来科技城在本质上是一个新开发区，其在启动之初遵循了新区建设的模式，即通过低廉的土地价格吸引龙头企业和科研高校入驻，从而形成初期的集聚模式。当未来科技城越过初创期，产业价值不断提升、人才结构不断完善、人口密度不断增加时，其内部企业之间、人才网络之间的创新创业机会不断涌现，这时候，创业者们的需求就愈加趋向于开拓新的空间模式，既需要有良好的配套服务和平台作支撑，又需要有较低的入驻门槛。因此，仓前镇凭借其良好的区位条件和人文自然资源，成为了区域产业转型的一个突破口。这也是区域发展的一个必然选择，梦想小镇在创立之初即定位为世界级的大学生创新创业的乐土、天下创业梦想年轻人的起步摇篮。注入了互联网元素的梦想小镇完美串联了过去、现在和未来——塘河的建筑设计偏向传统，延续了过去；仓兴街立足商业，驻足当代；梦想带互联网，承接未来。这些彼此独立又相互融通的小镇特质，充分展现了互联网时代传统基因与当下新生细胞融合共生的时代风采。梦想小镇承载着每一个小镇人的梦想，穿越过去、立足现在、拥抱未来。

一、地理背景

（一）梦想小镇所在地——余杭区

余杭区位于杭嘉湖平原和京杭大运河的南端，处在长江三角洲的圆心地，是杭州的都市新区，从东北西三面与杭州主城区无缝连接，1994年撤县设市，2001年撤市设区，区域面积1228平方公里。余杭是中华文明圣地，拥有5000年"良渚文化"、2000年"运河文化"和1000年"径山禅茶文化"。余杭是创业创新热地，区内有杭州未来科技城、余杭经济技术开发区、临平新城、良渚新城等创新创业平台。余杭是信息经济高地，阿里巴巴集团总部就位于此，引领着信息经济产业蓬勃发展。余杭是生态宜居福地，有着"四山一水五分田"的基本地貌结构，素有"鱼米之乡，丝绸之府，花果之地，文化之邦"之称。余杭是休闲旅游胜地，区内拥有国家5A级景区西溪国家湿地公园（洪园景区）、江南三大赏梅胜地之一超山等风景名胜和人文景观。

2018年，余杭区在中国综合实力百强市辖区排名第八位，在全市12个区、县（市）中综合考评排名第一，全年实现地区生产总值2312.4亿元、增长11.2%；完成财政总收入623.8亿元，其中地方财政收入336.3亿元，分别增长23.8%、20.1%。2019年，余杭区按照"三城一区一带"规划布局，以"五大余杭"为引领，围绕"高质量、可持续、快发展"总要求，推进"全域创新策源地、全域美丽大花园、全域治理现代化"建设，攻坚"新五场硬仗"，加快实现"东部崛起、中部兴盛、城西腾飞、西部富美"，全力争当新时代发展排头兵。

杭州未来科技城于2011年正式挂牌成立，统筹规划区面积123.1平方公里，重点建设区面积49.5平方公里，是浙江省高端人才集聚区、自主创新示范区和科学发展新城区，被中共中央组织部、国务院国资委列为全国四大未来科技城之一。2016年，未来科技城获批全国首批双创示范基地，是浙江省重点打造的杭州城西科创大走廊的核心区、示范区、引领区，是余杭区的未来科技策源地、未来产业引领地、未来城市样板地（图2.1）。

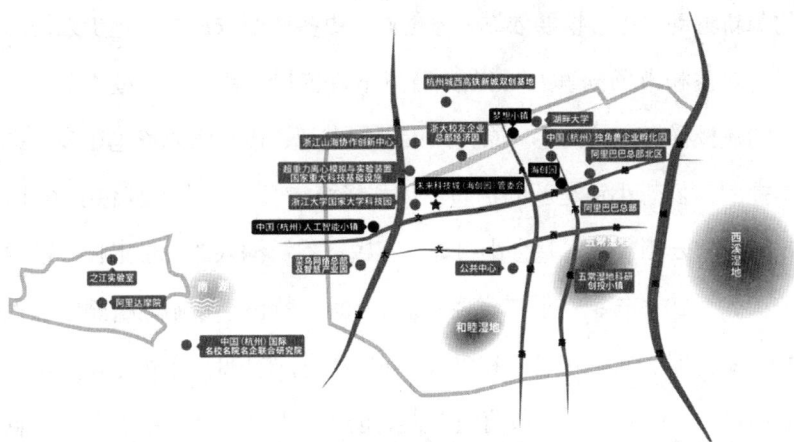

图 2.1 梦想小镇所在地

（二）梦想小镇所在经济区域——未来科技城

2018年，未来科技城继续坚定推进"人才引领、创新驱动、产城融合"发展战略，全年核心区企业实现营收4997亿元，完成税收285亿元，同比增长38.5%和29%，成立以来年均增幅分别达58%和57.8%，经常性财政收入连续8年实现33%以上增长；实际完成外资3.42亿美元、浙商回归资金35.08亿元，分别完成年度任务的110.2%和140.3%。2019年，未来科技城根据"城西腾飞"的总体要求，重点围绕"一城三地三中心"的重点部署，坚持一张蓝图绘到底，坚定不移推进城西科创大走廊核心区建设，切实担当起余杭区"高质量快发展、争当新时代发展排头兵"的重任。

二、经济背景

2012年以来，中国宏观经济进入新常态。经济新常态阶段的一个重要特征就是，中国经济由高速增长转向中高速发展。当浙江经济从高速增长转为中高速增长时，在浙江省原省长李强看来，不应被动应对，更不应无所作为，而是要努力在速度放慢中实现结构优化；加快发展以互联网为核心的信息经济等新兴产业，加快建设新型"众创空间"，用制度创新和科技创新确立浙江经济转型发展的新动力，进而创造新优势，"未来的创新驱动，更多地要依靠人才创业，更多地要依靠技术进步来提高质量、效益和市场竞争力"。在此背景下，梦想小镇作为新型"众创空间"的建设样板应时而生。原杭州市委副书记、市长张鸿铭也在多次讲话中提到，梦想小镇是新的创新驱动和经济增长点。除了梦想小镇外，杭州市还把云栖小镇、基金小镇等"三镇三谷"纳入"一号工程"重要环节；截至2016年，在浙江省要打造的100个特色小镇中，杭州已经入围10个；同时，杭州市计划在2018年前还要打造100个市级小镇。杭州所做的这一切，就是要释放蕴藏在大众创业、万众创新之中的无穷创意和无限财富，着力打造创业创新生态系统。

三、人文底蕴

梦想小镇不仅坐拥有880多年历史的仓前古镇（保留了章太炎故居、四无粮仓等文保单位及大批古建筑），古时以灵源为名，曾一度是江南鱼米富饶、漕运发达之地，还拥有良好的自然生态环境，境内余杭塘河横穿全境，东苕溪紧贴其西，西南边缘有宋家山、万金山丘陵，东北角寡山、吴山孤峙，与平原隔水相望，山水相嵌。

（一）梦想小镇的历史传承——仓前老街

梦想小镇是在文化名镇仓前镇的仓前老街地域范围内逐渐形成发展的。仓前镇历史悠久，文化底蕴深厚。历史上，仓前因紧邻余杭旧县治，是交通要扼，在唐末是拱卫杭城的龙泉都所在地。旧有龙泉观，唐代诗人张祜到访过并留有诗句；北宋时改为灵源院，香火鼎盛，故仓前在古代又叫灵源；直到南宋时在此设立便民仓，遂有了现在仓前的名字。灵源或出于一座古寺"龙泉"，又叫灵源院。龙泉地名因寺院之名而名，灵源又与龙泉的含义一脉相承。龙泉正式改名灵源则是宋治平二年（1065）的事情，史载："灵源港在（余杭）县东一十八里。其港脉络贯通灵源二三等保，故名。"明清时，灵源与古城、县前、丁桥、横溇、邵墓、麻车、招儿组成了余杭县（现称余杭区）的8个铺司。直到今天，老街地域及农户仍属灵源村。不过老街百姓一直叫它龙泉寺，古代史书也大多使用"龙泉"之称，知道灵源院之名的人并不多。到了南宋绍兴二年（1132），官家在灵源北建临安便民仓，灵源遂称仓前。仓前之名距今已有800多年历史。关于余杭便民仓的记载，最早见于明万历《余杭县志》卷三"建置"条："便民仓在灵源二三保城署桥之东。"清光绪《余杭县志稿》中将仓前置于市镇补遗之列："仓前市在县治东十五里，建有临安仓，故名。"1636年10月，明代旅行家徐霞客乘船从余杭塘河途经仓前，"自棕木场五里出观音关。西十里，女儿桥。又十里，老人铺。又五里，仓前。"他所见到的仓前，基本上就是现在仓前老街的底子了。徐霞客没有访到何朴庵，错失了寻胜的向导。而早他几十年的田艺蘅，在农历三月末，乘兴游仓前龙泉灵源禅寺，他写道："莫谓寻春去已迟，我来犹及送春时。"寻胜的心情，总是意犹未尽的，随后又写有"莺语未调新出谷，花香欲落尚盈枝"。后来，田艺蘅在仓前东北角的寡山建了别业，寡山海拔虽不足百米，却别有洞天。一时间，陈应时、蒋灼、范禹臣等诗文名家前来唱游，石刻有"品嵓"两大字，又有"小小洞天，品嵓成仙。再加一口，妙品元田"十六字，此为陈应时醉后所书。

（二）梦想小镇的文化底蕴——章太炎故居

仓前镇仓前老街是章太炎故居所在地，为梦想小镇提供了源远流长的人文底蕴。在仓前茧站和爱仁堂药铺之间，就是仓前最为出名的章太炎故居了。章太炎出生在这幢晚清木结构的临街建筑内，并在此度过了人生最初的22个春秋，章太炎投身革命后也曾几度回家探亲、避难。尽管在章太炎诞生时，杭嘉湖平原因连年战乱，田野荒芜，但章家凭借上辈留下的遗产和三代高超医术，尚过着比较悠闲的读书人生活。章太炎先生毕生追求学术，弘扬国学，费尽心血培养了一大批大师级人才，在传统文化的薪火传承上做出了重大的贡献，在中华民族遭受危难的关键时刻，章太炎先生毅然投身革命洪流，为挽救民族危亡、争取民族独立自由而不懈奋斗。章太炎的思想博大精深，他的贡献不仅是在学问上，更表现为一种精神遗产——对国家、民族文化的忠诚。其学问与革命业绩赫然，是余杭走出的一代人杰，是杭州的骄傲。

梦想小镇所在地仓前镇，有着丰富的人文环境。在仓前老街的东延伸段上，有全国重点文物保护单位——余杭四无粮仓陈列馆，杂交水稻之父袁隆平院士题写馆名。仓前粮仓前身是南宋绍兴二年（1132）设立的临安便民仓。当时余杭县是离杭州最近的产粮县，京杭大运河的支流余杭塘河流经仓前，交通非常方便。设立便民仓主要是为赈济而用。民国后，便民仓改为积谷仓；1949年以后，收旧建新作为集体粮仓，余杭县的粮食保管员更是留下了"宁流千滴汗，不坏一粒粮"的精神。

第二节　梦想小镇发展历程

2014年8月，在省、市、区谋篇布局特色小镇、大力培育信息经济的大背景下，梦想小镇扬帆起航。如今，余杭塘河岸上的12座高大平房粮仓蜕变为一幢幢创业粮库、梦想粮库，历史与未来同时呈现。在这些"粮仓"里，没了米，多了人。这些年轻人围绕着电子商务、软件设计、信息服务、大数据、云计算等方面的项目创业创新。除了全国四大未来科技城之一的杭州未来科技城、阿里巴巴淘宝城等创业乐土外，在信息经济的大背景下，仓前梦想小镇又扬帆起航，其核心区规划面积3平方公里，以章太炎故居、四无粮仓深厚的历史底蕴和"在出世与入世之间自由徜徉"的自然生态系统为载体，以科技城开放、包容、创新、服务的政务生态系统为支撑，以阿里巴巴总部所在地和金融资源集聚发展的产业生态系统为驱动，通过建设众创空间、O2O服务体系、"苗圃＋孵化器＋加速器"孵化链条，打造更富激情的创业生态系统，帮助"有梦想、有激情、有知识、有创意"，但"无资本、无经验、无市场、无支撑"的大学生"无中生有"，使他们创业的"梦想"变成"财富"。

一、初建阶段：打造众创空间、构建创业生态

（一）造梦："天下粮仓"转为"创业良仓"

梦想小镇从建设开始就致力于成为众创空间的新样板。余杭仓前镇作为"天下粮仓"却早已不再储粮，余杭塘河也再无当初南来北往的喧嚣，仓前街区内完好保存着大批历史遗迹，生态宜人，因此，这里曾一度深陷于保护或开发的困境。特色小镇和众创空间概念的提出，为古街提供了一种新路径，开发不仅仅只停留在纯旅游开发、工业化带动或房地产驱动的层面，还可以用信息化驱动，围绕人的城市化走新型城镇化道路。仓前老街延续了璀璨而悠远的过往，对本就优良的基因进行重整，为适应新的互联网产业，提升配套服务设施，满足新一代创新创业者的需求，结合周边互联网创业的蓬勃态势，在保留原有老街肌理的格局下，通过空间、生态、功能、交通的织补，对新兴产业和传统城市之间的关系进行整合，打造出一个具有互联网思维和众创基因共生共荣的历史街区。

梦想小镇在规划之初便确立"三生融合、四区叠加"，即"先生态、再生活、后生产"，"镇区、景区、社区、校区功能叠加的宜居、宜业、宜文、宜游"的规划理念，避免单一功能开发。梦想小镇规划时便对仓前古镇各类存量资源价值进行了综合评估，将古镇传统要素与双创空间进行融合，通过节点塑造、环境整合等手段，将文化、旅游和产业等功能在古街内进行有机叠加、共生共荣。共享一直是互联网2.0时代的核心，通过打造20个资源服务器以及9个公共交流平台达到互联网创业者资源与信息共享、共荣和共生的新模式，新的仓前街将成为以互联网产业为先导，信息经济产业为主导，寓教于乐、多元化、一站式的产业生活平台。

由于梦想小镇潜在业主和未来使用者的多样性，常规单一的建设开发模式并不能有效促进小镇的开发。小镇通过构筑"人才＋资本＋孵化"的开发模式，创新地引入"大学生＋社会创业者众筹＋个别实力较强的

创业平台"进行联合投资，从而推动"资智"联动发展。走进梦想小镇粮仓孵化器，这里每周有一个"粮仓三人行"。活动每次邀请三个投资人嘉宾和三个创业的项目，通过以茶会友这种方式展开深入交流，然后，孵化器会站在创业者的角度，尽可能地帮助创业者做一些具体工作，同时对行业的发展方向做一个深度的剖析。为了培育创业项目，梦想小镇引进了15个各具特色的孵化平台，它们对创业的项目进行培育筛选，为创客提供融资、培训、战略辅导、市场推广等各环节的服务。梦想小镇每个月还会举行一次"创业先锋营"大赛，前四名可以获得"金钥匙"，还能获得数额不小的政府创业基金，未获奖的创客们也可以借此机会，一展风采，甚至能够直接得到台下风投机构的青睐。梦想小镇最大限度降低了创业成本，为创业者提供了便利。

让梦想有生根发芽的地方，尊重每一个追梦人，并给他们提供阳光和雨露。梦想小镇便是如此，让有梦想的人有舞台，让想干事的人有机会，让干成事的人有地位。

（二）追梦：互联网村＋创业集市＋天使村＋仓前古街为先导

梦想小镇先导区位于小镇的东南侧，占地230亩（1亩约等于666.67平方米），建筑面积约17万平方公里。先期入驻创业机构80余家，创业项目350余个。作为启动区，引爆了强大的创新创业动力，引起了全社会的高度关注。东侧的互联网村、创业集市和邻近大学，结合四无粮仓的嵌入式开发，摇身一变成为火热的创新梦工厂。大量的交流空间，满足了创客们开放办公、服务共享的需求，为大学生、中小企业和国际创客提供了多元化、低成本的创新单元及公共平台。创业集市由传统院落升级改造而成，成为梦想小镇的配套商业区。各种不同类型的商业功能混搭，营造出了大量的工作和社交空间，为初来乍到的小镇创业者们提供了国际化的高水平消费场所。

小镇西侧的仓前古街原业主比较复杂，因此采取政府主导与村民自更新相结合、政府征收与企业租赁相结合、局部重建与综合提升捆绑相结合的多种形式进行改造升级，塑造了融古汇今的品质空间，同时也提升了当地的旅游观赏价值。南侧的天使村依托浙江本土互联网资本"全阶段金融服务"，通过对创业梦想提供金融支撑，成为了"双创"生态的强大支撑。

在先导区顺利铺开之后，梦想小镇现已全面推进至整个镇区，并携手周边开拓新的"村落"，如手游村、健康村、物联网村等。目前，梦想小镇已成为全省乃至全国众创空间和特色小镇的样板，距离全球创新新高地的目标越来越近。

运营方面，为避免陷入传统政府主导园区的招商乏力、运营欠缺的问题，相关部门以市场为导向，主动搭建"融资融智"平台，引入U＋、36Kr、苏河汇、阿里百川、蜂巢等一系列具有运营实力的平台。根据创业者的不同需求，小镇统筹区分各功能板块，为创业者量身打造创新创业生态圈，还在每个创业圈内搭建社交平台，促进信息交流和思维碰撞。小镇通过平台集聚互联网创业企业，鼓励电子商务、软件设计、集成电路、信息服务、大数据、云计算、网络安全、动漫设计等方面的企业创新与孵化；通过提供一站式服务，将梦想、资本、人才与服务无缝对接，实现完整的自我创新链条。在配套政策方面，小镇推出办公室场所3年免租金以及云服务、中介服务、人才租房等方面的优惠，针对初创企业还会提供定制金融产品服务，以及政府购买服务等扶持。此外，利用市场资源整合规划，小镇积极引进法务、人力资源、知识产权和商标代理等各类中介服务机构，为企业提供全方位的支持。

二、成长阶段：打造"三生"和"三创"融合体系

梦想小镇通过前期对人文和生态资源的改造和升级，构建了不同的互联网创新创业空间和配套组织模式，形成了更加扁平而富有弹性的空间环境、更加多元的微社区环境和更加个性化的服务体系，能够很好地满足不同创业群体的日常生活与创业需求类型。梦想小镇的成功不仅

是区域发展的必然选择，更重要的是小镇本身也是开放的、流动的，能够不断与周边要素交流，如与周边传统工业区、大学和龙头企业等片区"点面结合"。与此同时，梦想小镇不断扩大自身功能，形成外溢与辐射，对未来科技城、杭州城西地区发展也能够起到以点带面的拉动作用。再者，从更宏观的视角来看，小镇与整个杭州的城市发展密切相关，深度融入了整个城市的发展格局中，建立了更加稳定和可持续的发展模式。

（一）"点面结合"，建立梦想小镇功能拓展区

如果将梦想小镇视为一个点，其周边区域视为面，那么，在未来的发展中应该坚持"有核无边、辐射带动"的发展思路，破除小镇与周边区域在空间、配套、产业、政策和招商等方面的隔膜，构筑起全景式"孵化—加速—产业化"产业链条和企业"迁徙图"。由梦想小镇孵化出来的项目，可以积极推广到周边片区进行规模化和产业化发展，从而让小镇能够腾挪出空间去继续引进更有新意和价值的项目来进行孵化，这种持续滚动开发的路径能够更加有效地加速创新创业和项目落地。未来将不断有小镇拓展区生成，这些拓展区将借力小镇的品牌效应以及政策支持逐步转型和拓展。例如，"遥想网络"是梦想小镇孵化成功的第一个项目，其在孵化后便搬入了未来科技城的绿岸科技园并产业化，目前，"遥想网络"手游基地已吸引众多手游合作伙伴前来入驻，形成了手游产业集聚中心。未来，从小镇走出的项目，会向周边片区落地生根、开枝散叶，将产生类型多样的功能拓展区。

（二）"触媒效应"，拉动区域重大基础设施布局

随着梦想小镇品牌效应越来越明显，未来科技城、杭州城西地区也会因"触媒效应"与杭州主城区更好地紧密融合。首先，在争取区域重大交通资源方面效用显著。以小镇北侧的宣杭铁路为例，2017年7月公布的《杭州城西科创大走廊综合交通规划方案》提出，杭州西站拟选址仓前，规划为一座铁路、公路、航空、地铁和水运等多种交通形式无缝对接的大型综合交通枢纽，这将成为继萧山机场、火车东站之后杭州的

第三大交通枢纽。这种重大设施的布局将加速未来科技城、青山湖科技城等片区与杭州主城区一体化，并将梦想小镇融入长三角这一更大的发展平台中，使区域人才、资本和技术等创新要素更加便利地与梦想小镇形成流动。其次，在都市交通方面，杭州的地铁3号、5号和7号线也将延伸到未来科技城，城市有轨电车、快速道路和公共交通等也将得到加密和延伸，城市对外交通将更加方便。

（三）"以点带面"，探索新的城镇化发展道路

梦想小镇不仅显著影响城市重大基础设施的布局，同时也潜移默化地影响了杭州整个城市的发展方向、模式和路径。以城市产业、空间发展历程的视角来看，杭州经历了围绕西湖开展城市服务业、文化创业到跨江发展高新区和大工业区的发展模式。随着我国经济发展进入新常态，杭州以互联网为代表的信息经济带来了经济社会的一系列深度变革，新技术、新产品、新业态和新模式的投资机会大量涌现，新兴产业、服务业和小微企业的作用愈加凸显，个性化、智能化和专业化的生产需求迫切需要城市新的产业与空间组织模式。杭州由过去的以西湖、湖滨和萧山为基础，不断向西推进的"大生产、大生活、大生态"模式，转为以"小空间大集聚、小平台大产业、小载体大创新、小生态大人文"为特色的小镇发展模式。杭州以梦想小镇为点，为众多乡镇提供了除纯旅游开发、工业化带动或房地产驱动外的另一条路径，也为向西发展提供了一种新的发展模式，即以信息化为动力，以城市化为根本的新型城镇化之路，创新了城市发展与产业布局模式，是杭州建设城西科创大走廊的关键点。

梦想小镇由于精准契合了社会发展和进步最前沿的需求，成了名副其实的具有典型示范意义的特色小镇。小镇既没有其他特色小镇的商业气息，也根本不像创业地，反而成了一个集现代与古典于一体的风景区。梦想小镇不仅为创新创业带来了极度便利，也能够让人们衣食住行的需求得到极大满足。它不仅是无数追梦人的梦想加速器，还是可以远离城

市喧嚣的僻静地。这里有梦想，更是美好生活的缩影，它是都市里的乡村，城市边的花园，可以让人们在出世与入世间自由徜徉，是未来中国的小镇应该有的模样。

三、发展阶段：高水平创建浙江特色小镇样板

经过几年的建设，梦想小镇现阶段已经形成了完整的体系，完全达到了浙江省特色小镇验收标准，成为首批符合浙江省特色小镇建设规范和被正式命名的浙江省特色小镇。

梦想小镇内的互联网村、天使村和创业集市三个先导区块17万平方米建筑于2015年3月建成投用；创业大街4.3万平方米建筑于2016年10月建成投用。2016年，梦想小镇获批全国首批区域性双创示范基地；2017年，获批首批浙江省级特色小镇；2018年，获批国家4A级旅游景区。梦想小镇孵化外溢的项目已经在周边形成了垂直细分的跨境电商村、健康谷、手游村、智造村、物联网村等专业村。

截至2018年，梦想小镇已经累计引进了55家孵化器，其中互联网村10家、创业大街11家；培育了10家国家级众创空间，还从海外招引了500 Startups和Plug and Play等国际孵化器。梦想小镇已集聚创业项目1930个，服务创客人数累计达到了16400人，创客平均年龄25.7岁，其中21～30岁人员占比最大，占63.12%。四大类创业群体比例为：阿里系28%，浙大系41%，海归系9%，浙商系22%。其中小镇注册的企业总数已经超过4530家，溢出企业（已经孵化毕业或者迁出小镇）1560余家，溢出率34.4%。梦想小镇企业2018年实现营业收入69.1亿元，税收2.7亿元，科技投入5629万元（统计了3平方公里的规上和限上企业，小企业没有统计）。2018年度小镇研发费加计扣除金额216.43亿元，合计税额54.11亿元；其中，未来科技城研发费加计扣除金额166.28亿元，合计税额41.57亿元。截至2018年底，小镇固定资产投资40.8亿元，其中，特色产业投资35.4亿元，占总投资86.76%。梦想小镇内获得百万元以上融

资的企业有166家，已披露的融资总额达到了110.25亿元；为活跃双创氛围，四年来小镇共举办活动1490场，参与人数20.2万人次，其中，2018年举办455场。

第三节　梦想小镇发展经验

梦想小镇位于余杭区未来科技城腹地，核心区规划面积为3平方公里。依托未来科技城良好的人才和产业优势，抓住"大众创业、万众创新"的发展机遇，采用"有核心、无边界"的空间布局，致力于将小镇打造成为众创空间的新样板、信息经济的新增长点、特色小镇的新范式、田园城市的升级版和世界级的互联网创业高地。

一、发展成效

（一）创新创业势头良好

截至2019年6月，梦想小镇累计引进深圳紫金港创客、良仓孵化器等知名孵化器以及500 Startups、Plug and Play等2家美国硅谷平台落户；集聚创业项目1930个、创业人才16900名，形成了一支以阿里系、浙大系、海归系、浙商系为代表的创业"新四军"队伍；有166个项目获得百万元以上融资，融资总额达110.25亿元。

（二）各类资本快速集聚

双创生态的打造离不开资本的扶持，小镇在建设之初，就极为重视吸纳各类社会资本参与创新创业。浙商成长基金、物产基金、龙旗科技、海邦基金、暾澜基金等一大批PE（私募股权）、VC（风险投资）、天使投资机构快速集聚，有力助推了小镇内创业项目的飞速成长。截至2019年6月，小镇已累计集聚各类资本管理机构1400余家，管理资本2973亿元。

（三）创业氛围日益浓厚

截至2019年6月，小镇相继举办了中国（杭州）财富管理论坛、中国青年互联网创业大赛、中国互联网品牌盛典、中国研究生电子设计大赛等活动1519场、参与人数20.5万人次。由于小镇被命名为省级特色小镇，因此吸引了中央电视台、德国电视一台、西班牙国家电视台、日本NHK电视台、人民日报社等媒体密集报道，小镇的创业氛围和品牌形象不断提升。小镇内部及周边公共配套也不断完善，公交线路得到加密和延伸；杭州萧山国际机场海创园航站楼正式启用；众多不同定位的特色创业餐厅完成装修营业；创意茶馆、创客健身馆、银行网点投入使用；"YOU＋"公寓正式开业并深受创客欢迎。

（四）带动效应逐步显现

一些孵化成功的项目已迁出梦想小镇，进入附近的"加速器"进行产业化，周边恒生科技园等近10个重资产的传统民营孵化器正在向重服务的众创空间转型。在更大的范围内，小镇里涌现的创业项目和投资机构正在用互联网思维渗透传统产业、改造传统企业，"互联网＋农业、＋商贸、＋制造、＋生活服务、＋智能硬件"等新产品、新业态、新模式层出不穷，为区域经济发展注入了全新动力。

二、发展措施

（一）搭建人才服务平台集聚人才

1.每年定期举办海创园项目评审和人工智能小镇项目评审，做优项目评审品牌，扩展参评对象，优化专家选择，提高准入门槛，完善评审机制，使之逐步成为招才引智品牌。2.做强高端人才培育，通过分类服务、人才导航、项目有机更新、上门答疑解难等途径，鼓励人才申报各类项目计划。截至2019年6月，小镇已累计引进海外高层次人才3226名；"两院"院士11名、海外院士5名；国家万人计划人才2名，国家级海外高层次人才142名，省级海外高层次人才195名，市"521"人才63

名；浙江省领军型创新创业团队11支。3.做精人才服务空间，下好盘活和拓展两盘棋，一方面分类推动海创园项目有机更新，另一方面建设海创园拓展区，合作共建丹麦、澳大利亚海外引才驿站，引入猎聘网杭州总部及猎聘孵化平台，共同建设人力资源产业园。

（二）打造特色小镇"集团军"

1.梦想小镇为国家首批省级特色小镇，截至2019年6月，累计集聚创业项目1903个、创业人才16700名，166个项目获得了百万元以上融资，融资总额达110.25亿元；举办了"创青春"中国青年互联网创业大赛、首届中国妇女创业创新大赛等，各类活动、大赛使其影响力进一步提升。2.人工智能小镇入选了省级特色小镇培育名单，目前已吸引之江实验室、阿里－浙大前沿技术研究中心、百度（杭州）创新中心、中乌人工智能产业中心等17个高端研发机构及425个创新项目，日均创业就业人数超过2200人，配套设施日益完善。3.南湖达摩小镇涵盖了之江实验室园区、阿里达摩院等重大项目，将积极探索未来城市开发建设。

（三）狠抓招商引资"生命线"

1.加大项目招引力度，使企业数继续迅猛增长。截至2019年6月，未来科技城注册企业数达1.4万余家，累计引进金融机构1400余家，管理资本2973亿元。2.优化重点项目服务，明确专人或专班紧盯重点产业、紧跟重点项目，"一对一"贴身对接中电海康军民融合示范区、科技城CBD城市综合体、北控水务华东总部等重点项目。3.强化要素资源供给，统筹安排各类用地出让工作，特别是重点保障涉及基础设施、研发中心等项目供地，确保重点项目早开工、早建成、早投产、早见效。4.完善产业招商体系，组织力量研判产业发展趋势，统筹土地、园区、平台"三维"招商模式，探索招商工作新模式。

（四）当好企业服务"店小二"

1.政策扶持先行，加强政策兑现力度，严把政策兑现流程，制定出台人工智能小镇政策和各类产业化政策细则。2.科技研发跟进，大力实施科技创新"523"计划，成立未来科技城科创园区联盟，建成知识产权管理服务平台，并计划以此为基础，打造科技城知识产权与技术融合交易中心，拥有国家高新技术企业累计达241家，省级研发中心、技术中心达45家。3.坚持数据分析支撑、金融服务保障，推进资本市场结合、资本智力融合和国有资本配合，建立省股交中心海创板，坚持每月一场"资智"对接会，成立科技城投贷联盟，拥有上市企业和新三板挂牌企业分别达5家和28家，天使梦想基金、金融风险池、产业引导基金等政府金融扶持手段也发挥了积极作用，有效保障企业投融资需求。4.成果转化起航，建设各类专业园区、科创园区达55个；做好孵化毕业企业产业化落地工作，梳理意向企业推荐至区内平台、镇街。5.监督管理筑底，树立"监管也是服务"的理念，开展标准化园区建设、安全生产联合检查、生物医药企业环保调查等工作，问题发现一起，整改一起。

（五）开启改革创新"新蓝海"

1.在丰富完善现有平台的基础上，借助余杭区与浙江大学、阿里巴巴新签订的战略合作协议，喊出"服务之江实验室，服务阿里，服务浙大，马上就办！"的口号，积极谋划新的双创平台建设，为今后一个时期未来科技城的跨越式发展奠定基础。2.全力服务和配合之江实验室、城西高铁枢纽中心等重点平台和现代交通体系建设等重点项目的规划、选址、人才公寓配备等工作；统筹开展杭州未来科技文化中心、南湖科学中心、浙大校友企业总部经济园、湖畔大学等平台、重点项目的规划编制、企业服务等工作；紧抓新经济发展特点，依托区域发展优势，启动鲲鹏企业园、中国（杭州）区块链产业园、中国（杭州）5G创新园等专业园区建设，推动人才、项目、技术、资本集聚。

（六）提升城市品质"魅力值"

1.启动了公共中心规划，按照打造杭州城西副中心和一流国际化创新创业社区的标准，以《杭州城西科技文化中心总体方案设计》完成国际招标，完善城市级重大公共服务设施，进一步提升科技城发展品位和发展潜力。2.加速配套设施建设，加快完成绿色交通网络体系、公共设施布点、城市国际化等战略规划研究，着力提升城市综合承载力和国际化水平。3.文澜未来科技城学校、未来科技城维翰幼儿园等学校得到社会认可，学军中学海创园学校、人大附中杭州学校等学校投入使用，浙医一院余杭院区主体结顶，城西高铁枢纽中心、轨道交通等基础设施布局落定，各类基础设施项目抓紧施工，配套设施日臻完善。

三、发展特色

在梦想小镇策划和建设过程中，遵循互联网思维和互联网精神，秉承"产城融合、资智对接，有核无边、辐射带动，政府主推、市场主体，共生共荣、共享共治"理念，着力构建一个自然生态、历史文化、现代科技交相辉映，办公创业空间、职住生活配套空间、精神文化空间一应俱全的众创空间，让创业者们在这里追梦、造梦、圆梦。

（一）坚持"三生融合"，打造四宜兼具的田园城市

梦想小镇内的仓前古街有880多年历史，且保留了章太炎故居、四无粮仓等文保单位以及一大批古建筑，生态环境良好，自然景观质朴，但多年来陷于保护和开发的两难境地。特色小镇和众创空间的提出，为古街提供了除纯旅游开发、工业化带动和房地产驱动之外的另一条城镇化路径，即以信息化为动力，以城市化为根本的新型城镇化之路。为此，小镇紧紧围绕人的需求，确立了"三生融合、四宜兼具"（先生态、再生活、后生产，宜居、宜业、宜文、宜游）的开发理念。在开发中充分保护自然生态和历史遗存，对文化底蕴进行深入挖掘，对存量空间按照互联网办公要求进行改造提升，从而推动文化、旅游、产业功能的有机叠加、共生共融，让创业者进则坐拥城市配套、创业无忧，出则尽享田园气息、回归自然，造就一方"在出世和入世之间自由徜徉"的理想家园，成为田园城市的新典范。

（二）坚持"项目组合"，构筑三位一体的创业闭环

锁定人才和资本两大关键要素，加快集聚创业服务机构，做好项目组合文章，构筑"人才＋资本＋孵化"的创业闭环。1.推动"资智"联动发展。注重发挥创业人才和创业项目的磁极效应，加快集聚创业资本，同时借力资本的纽带作用，带动人才项目落户，从而推动"资智"的良性互动，实现"化学反应"。2.大力培育孵化平台。积极引进各类孵化服务机构，引导股权机构搭建孵化平台，为企业提供专业化、市场化、多样化的新型孵化服务。目前已引进极客创业营等55个各具特色的"种子仓"，基本涵盖了办公、融资、社交、培训、市场推广、技术研发、战略辅导等各环节的孵化培育服务。3.强化政府引导作用。在省市区扶持下，利用好5000万元天使梦想基金、1亿元天使引导基金、2亿元创业引导基金、8亿元风险池信贷规模、20亿元信息产业基金，通过政府基金运作强化"资智"对接，并有效撬动社会资本。截至2019年6月，天使梦想基金已为250家初创企业注入资金。

（三）坚持"资源聚合"，营造充满激情的创业生态

充分借力浙大、阿里资源，搭建平台整合人才、项目、资本、孵化器、中介机构等各类要素，使其成为创业生态中的阳光雨露。1.打造形态完备的创业社区。兼顾创业者工作、生活、商务需求，统筹布局各功能区块，引进各类配套项目，为创业者量身打造宜居宜业、高效便捷的创业创新生态圈。重点搭建社交平台，通过创业咖啡、论坛沙龙、"YOU＋"公寓等形式，着力引导创业者从分割隔离的办公楼走向极速分享的大社区，促进信息交流和思维碰撞。2.开发公共技术平台。引进科技文献查询系统和世界专利信息服务平台，集中购买服务器和基础软件，向阿里购买云服务，面向创客免费开放。与浙江大学开展全方位战略合作，使浙大实验室和技术平台全面开放，重点合作共建健康医疗公共技术平台。3.整合利用市场资源。积极引进财务、法务、人力资源、知识产权、商标代理等各类中介服务机构，组成"服务超市"，同时面向初创企业发放创新券，支持企业购买中介服务。

（四）坚持"管放结合"，打造最为宽松的营商环境

围绕初创企业特点和需求，转变管理方式，加强服务供给，推动简政放权，打造最为宽松的营商环境。1.降低创业成本。统一实施室内装修，配备办公家具，配强网络基础设施，达到"万兆进区域、千兆进楼宇、百兆到桌面、WiFi全覆盖"标准，实现拎包办公要求；同时减免初创企业的场租、物业、能耗、宽带等费用，最大限度降低创业成本。2.提升服务效能。转变以往"面对面、一对一"式的传统服务，将服务项目和服务窗口搬到线上，开发O2O云服务平台，政府当"店小二"，着力提升服务效能和用户体验。3.推进商事制度改革。根据"最多跑一次"改革要求，开通企业核名自助查询终端，对需要省市审批的实行"就地受理、网络审核、就地发照"，从而最大限度降低创业门槛。

（五）坚持"点面和合"，构筑全程接力的产业链条

按照"有核无边、辐射带动"的思路，以梦想小镇为点，以周边区域为面，积极打通梦想小镇与周边区域之间在空间、配套、产业、政策、招商方面的隔膜，构筑起"全景式"展现的"孵化—加速—产业化"接力式产业链条和企业"迁徙图"。1.对于梦想小镇孵化出来的项目，积极推介到周边科技园和存量空间中去加速产业化，将小镇空出来的空间不断引入新项目孵化，形成滚动开发的产业良性发展路径。2.周边现有的15个产业园正在申报小镇拓展区，期望在小镇的品牌和政策支持下向新型孵化器和加速器转型，手游村、电商村、健康产业村、物联网村已经初步成型。如梦想小镇第一个孵化成功的是"遥望网络"项目，目前遥望中国手游基地一期1.8万平方米已经投入使用，30余家手游合作伙伴已经入驻，已初步形成了手游产业集聚中心。

第三章

梦想小镇特色与优势（一）：前沿产业集聚

梦想小镇是杭州城西科创产业集聚区的核心区块，梦想小镇所在的未来科技城集聚了电子信息产业、生物医药研发、新能源新材料研发、装备制造研发、软件与创意设计、金融中介及生产性服务业等大量高新技术前沿产业，累计打造了各类科创园区逾20个，有注册企业万余家，成了浙江省和杭州市的重要增长极。前沿产业集聚正是梦想小镇的重要特色与优势之一。

第一节 梦想小镇产业集聚概况

一、产业集聚规模

梦想小镇所在的杭州未来科技城于2011年挂牌成立，统筹规划区面积123.1平方公里，重点建设区面积49.5平方公里，被中共中央组织部、国务院国资委列为全国四大未来科技城之一，获批全国首批双创示范基地，未来科技城高端产业集聚为梦想小镇发展提供了前沿产业基础。未来科技城是浙江省"十二五"期间重点打造的杭州城西科创产业集聚区的创新极核，是杭州城西科创产业集聚区核心区块，全力打造了二、三产业融合发展的产业集聚区，已形成了涵盖人才、研发及产业化的全方位的扶持政策体系，积极吸引和支持海外高层次人才创新创业，着力打造人才特区，建设产城融合发展的科技新城，先后获得国家海外高层次人才创新创业基地、中国服务外包基地示范城市拓展区、国家电子商务试点城市拓展区、杭州信息产业国家高技术产业基地西溪（余杭）拓展区、杭州市青蓝计划试点基地等16块"金字招牌"。

未来科技城始终坚持"人才引领、创新驱动、产城融合"，成为了浙江省海外高层次人才最为密集、增长最快的人才特区；数字经济、生物经济、智能制造、科技金融等集聚产业快速壮大，主要指标实现了超常规、超预期的增长。2011年到2018年，未来科技城核心区（梦想小镇）

企业营收从203亿元上升到4997亿元，税收从11.7亿元上升到285.6亿元，年均增幅分别达到58%和57.8%，成为余杭区乃至杭州市和浙江省的重要增长极。

未来科技城快速集聚了一大批高新技术企业（见图3.1），覆盖了电子信息、生物医药、互联网、电子商务等高新技术和新兴产业，是未来科技城企业培育和产业成长的主平台。未来科技城还集聚了海外高层次人才创新园、浙江大学科技园、恒生科技园、利尔达科技园、希垦科技园、杭州师范大学科技园等科技园区；氪空间、湾西加速器、"YOU＋"青年创业社区、良仓孵化器、紫金港创客空间、健康谷等科创孵化平台。

图3.1　梦想小镇产业集聚区全景

二、产业集聚成效

产业集聚是特定产业中互有联系的公司或机构聚集在特定地理位置的一种现象（Porter，1998）。集聚产业包括一连串上、中、下游产业以及其他企业或机构，这些产业、企业或机构对竞争很重要，包括了零件、设备、服务等特殊原料品的供应商以及特殊基础建设的提供者。集聚产业可以打通整条供应链，不但可以向下延伸至销售方和顾客，也可以向上延伸至生产互补性产品的制造商及和本产业相关的科技或共同原料等利益相关的公司。产业集聚的提升需要政府支持和其他机构——像大学、标准制定机构、职业训练中心以及贸易组织等的支撑。

产业集聚促进了区域内各种资源的功能联系，集聚产业内各主体通过相互学习与交流，形成协同创新机制，从而提升创新能力。同时，随着新知识、新技术、新产品的不断涌现，产业集聚又衍生了大量的创新创业型企业（段匡哲，2014）。产业集聚形成和发展的条件，归纳起来主要有三种：资源的集聚、专业化分工与合作、知识（技术）的共享。产业集聚从系统论来看是三个空间（经济空间、社会空间和地理空间）的统一，是在地理空间基础上，借助于社会空间而发挥经济空间的一个动态过程。由于资源（包括自然资源）和其他原因（运输成本、劳动力市场共享等）使企业"集聚"而产生了一个特定的地理空间，这个地理空间由于社会历史等原因产生了社会资本（联系和信任），而联系和信任的存在促进了交易费用的降低和新企业的不断诞生，同时进一步促进了专业化分工。另外，社会资本的存在促进了地方知识（技术）的外溢，一方面，它促进知识（技术）的共享，另一方面，它和劳动力市场等条件又会促进新企业的诞生（郑健壮，2007）。

2018年，未来科技城重点建设区企业营收、税收分别达到4997亿元、285亿元，同比分别增长38.5%、29%；实际利用外资3.42亿美元，浙商回归资金35.08亿元，分别完成全年任务的110.28%和140.33%。未来科技城有注册企业13000余家，其中海归创业企业750家；上市企业5家、新三板挂牌企业28家；国家高新技术企业、省级研发/技术中心和省级科技型中小微企业分别累计达241家、45家和450家；累计引进股权投资机构1387家，管理资本规模达2945亿元。

产业集聚为梦想小镇平台的打造和建设提供了源源不断的动力。梦想小镇连续引进多家知名企业孵化器和美国硅谷平台落户，形成了一支以阿里系、浙大系、海归系、浙商系为代表的创业"新四军"队伍。小镇的多家企业融资过亿，灵犀金融、遥望网络、仁润股份等已挂牌新三板；车联网村、物联网村、智造村等梦想小镇拓展区发展形势喜人。

梦想小镇和杭州未来科技城主要经济指标持续保持超常规、超预期增长，其经济活力可见一斑（见图3.2）。这一切的成就都归功于在如此高密度的地块，汇聚了众多高端的互联网企业，既有响当当的阿里巴巴，也有在其背后潜心钻研的达摩院和之江实验室。这两大全球顶级科技实验室为集聚区带来了持续的新鲜血液和活力，为集聚区的经济发展注入了强大的动力。

图 3.2　活力四射的梦想小镇

第二节　梦想小镇产业集聚成因

产业集聚的发展模式有自下而上的市场主导模式、自上而下的政府主导模式和混合驱动模式。发达国家普遍采用自下而上的市场主导模式，而欠发达国家则通常采用自上而下的政府主导模式。欧美国家的产业集聚模式主要有：以大学和科研机构为核心，产学研合作形成产业集聚；以重点企业为核心，政产学研合作形成产业集聚；以产业为核心，集聚创新资源形成产业集聚（详见本书相关章节）。欧美模式是典型的自下而上的市场主导模式，政府在产业集聚形成与发展过程中起支撑作用（郭立伟，2018）。

而梦想小镇所处的未来科技城是政府引导下形成的产业集聚。资本是产业集聚的"血液"，其迁移和流动需要政府政策引导。政府借助产业政策，以各级开发区为载体，吸引内外资企业以及相关支撑机构在开发区集聚。以下分别从政府、大型创新型企业、高校、投资以及文化五个维度来探讨梦想小镇和未来科技城的产业集聚成因。

一、政府规划先导

创新产业集聚离不开政府的支持。政府可以提供有效的地区环境，营造创新创业的文化氛围，设计有利于区域集聚产业的合作和创新的系统机制。一般而言，对于创新产业集聚的形成，政府主要发挥以下作用：1.出台各种扶持政策。2.大力扶持生产者服务业的发展。生产者服务业（包括融资信贷、市场营销、广告设计、公共关系、人才招聘、职业教育和技能培训、技术咨询、技术转让等）对于集聚产业竞争优势的提升非常重要。对于集聚产业而言，政府扶持进行产业的关键技术和共性技术研究开发显得更加重要。3.营造有利于创新的环境。一方面，加强法治建设，通过法治建设营造尊重和保护知识产权的环境；另一方面，只有在鼓励知识创造和保护知识产权的前提下，才能营造集聚产业各主体积极进行知识传授和技术交流的互动环境（郭立伟，2018）。

2008年初，浙江省杭州市余杭区根据杭州市的总体发展战略和余杭区空间布局，启动建设了余杭创新基地，由此拉开了杭州大城西开发的序幕。两年后，为响应浙江省引进海外高层次人才创新创业和落实国家海外引才战略的重要举措，浙江海外高层次人才创新园在该基地启动规划建设，于2010年7月正式挂牌，简称"海创园"。次年4月，未来科技城被列入杭州城西科创产业集聚区，成为浙江省14个产业集聚区之一，范围扩容到113平方公里，与杭州城西科创产业集聚区衔接。

2014年，浙江省、杭州市、余杭区纷纷响应国家"大众创业、万众创新"的时代号召，抢占"互联网＋"产业革命的先机，在"海创园"的建设取得重大成功、高端人才纷至沓来的基础上，依托这一区域的区位、产业、生态、人才、体制优势，再充分利用浙江大学和阿里巴巴"一校一企"的财智溢出效应，经充分论证，启动了"梦想小镇"建设。

梦想小镇依托未来科技城良好的人才和产业优势，抓住"大众创业、万众创新"的发展机遇，采用"有核心、无边界"的空间布局，着力打造新时代的特色小镇和世界级的互联网创业高地。

梦想小镇是浙江省"十二五"期间重点打造的杭州城西科创产业集聚区的创新极核（图3.3），是杭州城西科创产业集聚区核心区块，入选首批命名省级特色小镇。近年来，各级政府高度重视产业集聚区的发展，出台了多项相关政策和措施，梦想小镇和未来科技城产业集聚区建设发展快速推进，基础框架初步形成，集聚效应逐步显现。可以说政府不仅是梦想小镇的规划师，也是其不断发展壮大的主推力量。

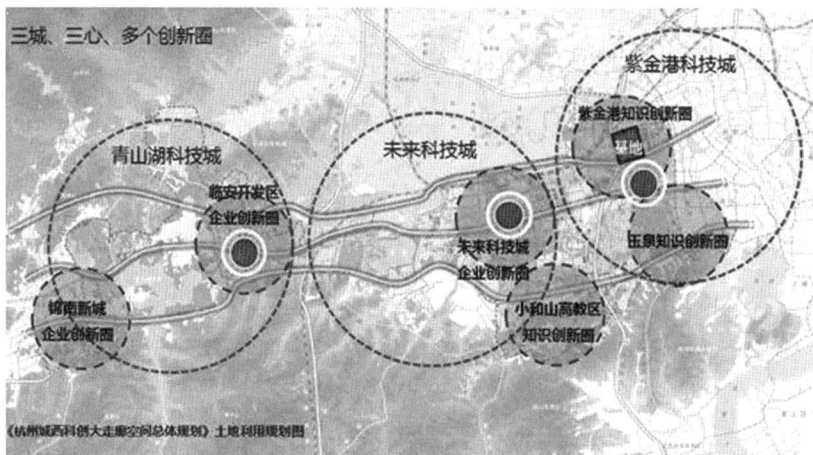

图3.3　杭州城西科创大走廊空间总体规划

二、创新企业引领

大型创新型企业自身能够集聚创新资源，从而不断扩大集聚产业规模。原因在于，创新型企业拥有大量的人才、知识和技术储备，可以不断地开发新产品专利和发展核心技术。这些创新资源使得创新型企业得以不断创新、不断发展。这类创新型企业的发展壮大又会对创新资源有更大的需求，从而集聚更多的创新资源，形成了一个集聚创新资源的良性循环，过程如图3.4所示。此外，人才在创新型企业中能够发现很多志同道合的伙伴在从事相似的工作，一旦人才发现某地具有极具吸引力的就业机会，收益递增规律会造成一个强劲的长期增长的良性循环（郑健壮，2018）。

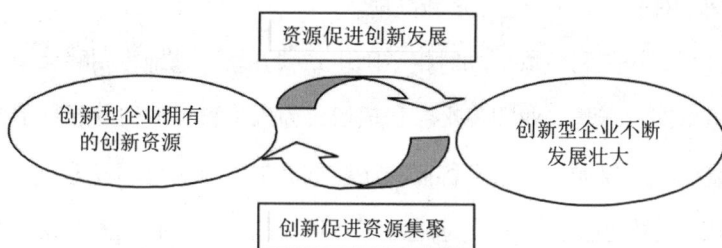

图3.4　创新资源集聚和创新型企业发展的相互促进

1955年，法国经济学家佩鲁（Perroux）在其《略论增长极概念》一文中提出了增长极理论，他认为增长极中的"极点"具有扩散效应，即增长不是同时出现在所有地方，而是以不同的强度首先出现在一些点上，再通过不同的渠道向外扩散，并对整个经济产生不同的终极影响。在创新型产业集聚的形成过程中，也存在类似增长极理论的规律。在集聚产业中，可以把创新型企业看成其所在集聚产业增长极的"极点"。当一个集聚产业中出现了创新型企业，其他企业迫于竞争压力，会追赶创新型企业，创新极点因此带动了整个集聚产业的创新。带动的方式包括其他企业的模仿和自主研发，在这个过程中创新资源便会大量向该产业集聚（郑健壮，2011）。

2017年7月，中国（杭州）人工智能小镇成功开园，并引进了阿里－浙大前沿技术研究中心、百度（杭州）创新中心、浙江省智能诊疗设备制造业创新中心、中乌人工智能产业中心、北航虚拟现实/增强现实创新研究院等16个重大平台，170余个项目。同年10月，阿里巴巴全球研究院——"达摩院"正式落户未来科技城。阿里巴巴计划三年投入1000亿元吸纳人才，与高校建立联合研究所以及创新研究计划等。

而就在"达摩院"落户的一个月之前，由浙江省政府、浙江大学、阿里巴巴集团共同出资打造，以网络信息、人工智能为研究方向的之江实验室，也在中国（杭州）人工智能小镇挂牌成立。之江实验室汇聚了浙大与阿里两大科研、产业领域翘楚，重点聚焦网络信息和人工智能两大领域，基本形成以信息经济为先导、以杭州城西科创大走廊为主平台的"互联网＋"全球产业科技新高地。

此外，未来科技城成功对接了阿里系"五新"基地、湖畔大学、菜鸟网络总部及智慧产业园等平台和项目，为未来科技城的发展打下了坚实的基础。不仅如此，未来科技城还在推进中电海康总部基地、中国移动杭州研发中心及人才开发基地等产业项目的建设。此类大型创新型企业无疑为梦想小镇和未来科技城高新产业的不断集聚和发展带来了源源不断的活力。

三、高等学府合作

大学传统的功能包含教育、基础研究和科学研究。在过去的几十年里，出现了知识和技术向产业转移、知识的商业化等新功能，大学在国家和区域创新系统中起到积极作用。根据诸多产业集聚理论，大学和其他机构为产业的持续创新和生产力的增长形成了一个关键的支持基础设施，特别适用于高科技和以知识为基础的行业。产业集聚是通过产业链、价值链和知识链有机耦合而成的，大学是知识的源泉，因而大学作为创新主体的地位得到凸显，高新产业集聚往往被认为是高度依赖于附近研究型大学产生的（郭立伟，2018）。

未来科技城自建成以来，人才引进工作得到海内外高层次人才积极响应，高层次人才和高端项目快速集聚。同时城市建设和产业配套不断推进，与浙江大学（图3.5）的战略合作亦全面开启。未来科技城借助杭州市余杭区与浙江大学、阿里巴巴新签订的战略合作协议，积极谋划新的双创平台建设；全力服务配合之江实验室、杭州城西高铁新城双创基地等重点平台和现代交通体系建设等重点项目的规划、选址、人才公寓配备等工作；统筹开展公共中心、五常湿地科研创投小镇、浙大校友企业总部经济园、湖畔大学等平台和重点项目的规划编制、企业服务等工作。

图 3.5 与梦想小镇毗邻的浙江大学紫金港校区

小镇基于大数据、云计算、物联网等业态进行重点布局，集中力量吸引机器人、智能可穿戴设备、无人机、虚拟现实/增强现实、新一代芯片设计研发等领域的冠军企业，形成具备较强国际及区域产业合作和竞争能力的高端人工智能集聚产业，为区域经济的发展注入了强大的动力。

四、金融投资支撑

产业集聚的形成并不只是创新项目的集聚，本质上是各种创新要素（包括人才、技术、资本、信息等）的集聚。众多研究已经证实，风险投资是新兴产业的"教练员"，对于产业集聚的形成和发展具有重要的推动作用。风险投资之所以能对产业集聚的形成起到如此重要作用，原因在于风险投资不仅能注入充裕的资本，还可以为企业提供诸如企业发展战略制定、一流团队组建、科学规范管理等经营管理方面的指导和帮助。风险投资界素有"就近投资"和"不熟不投"的说法，并通过主导技术创新项目驱动和多项目共同驱动引致各种要素的集聚，最终促进产业集聚的形成（郭立伟，2018）。

梦想小镇在建设之初，就极为重视和吸纳各类社会资本参与创新创业，同时借力资本的纽带作用，带动人才项目落户，从而推动"资智"的良性互动，实现"化学反应"。一大批PE、VC、天使投资机构快速集聚，有力助推了产业集聚和创业项目的良性发展。同时，通过积极对接美的资本、诚通资本、东信集团等知名投资机构，截至2019年，梦想小镇已累计集聚各类资本管理机构1400余家（图3.6），管理资本2973亿元。如此雄厚的资本无疑极大地促进了梦想小镇和未来科技城集聚区的持续发展壮大。

图 3.6　参加梦想小镇全球新金融与创业孵化高峰论坛的企业

五、小镇文化赋能

小镇的文化是指小镇内的各行为主体在长期互动成长过程中形成的独特价值理念、行为模式和管理制度，体现了小镇企业及其员工的价值观念、竞争理念、行为规范等，它是小镇实现持续成长的核心动力。尽管小镇文化是具有一定的根植性和共同性质的整合文化，但当小镇中出现一个具有强势文化的企业时，由于地理上的集中性和网络性，这种文化就可能影响整个小镇的文化，小镇中创新型企业的创新文化会对小镇文化产生积极影响（图3.7）。一般来说，创新型企业比其他企业更具竞争优势，在优胜劣汰的规律之下，那些缺乏创新的企业想要继续生存，必然会积极向创新型企业学习，从而促使整个小镇形成一种创新氛围。经过一定时间的积累，就可能使小镇产生创新的文化。创新的文化一旦形成，小镇对创新资源的吸引力将大大提高，创新资源的集聚效应就会成倍地放大（郑健壮，2011）。

图 3.7　梦想小镇青创文化节

梦想小镇在建设和发展过程中，遵循互联网思维精神、秉承共生共享理念，构建了一个融自然生态、历史文化、现代科技于一体的众创空间，让创业者们发挥自我、实现梦想。在此之上，阿里巴巴的团队精神、教学相长、质量、简易、激情、开放、创新、专注、服务与尊重九条价值观，浙江大学的"求是创新"精神，以及杭州不拘一格的创新思维等形形色色的文化有机融合，形成了梦想小镇和未来科技城独有的开放创新的文化特质，而这也是引发海内外高新企业兴趣、吸引其不断涌入，从而形成高新产业集聚的重要原因。

第三节　梦想小镇打造产业集聚的经验

一、有为政府与活力小镇同心协力

2010年，浙江省委、省政府做出"规划建设产业集聚区"的战略部署，产业集聚区建设是省委、省政府"四大建设"战略决策的重要内容，是干好"一三五"、实现"四翻番"、建设"两富"现代化浙江的重要载体。2011年12月31日，浙江杭州未来科技城正式挂牌成立，浙江杭州未来科技城（海创园）是中共中央组织部、国资委确定的全国四个未来科技城之一，是第三批国家级海外高层次人才创新创业基地。2014—2016年，梦想小镇及内部的互联网村、天使村、创业集市和创业大街逐步建成投用。

2016年5月，未来科技城成功入选浙江省唯一的首批国家级"区域性双创示范基地"，阿里巴巴入选"企业双创示范基地"。在此基础上，浙江省迅速做出决策，在杭州城西规划一条长约33公里、总面积达到224平方公里的杭州城西科创大走廊，作为贯彻落实全国科技创新大会精神、深入实施创新驱动发展战略、补齐科技创新第一短板、推动供给侧结构性改革的重要举措。

一方面，未来科技城高强度兴建园区，全力筑巢引凤，打造"有为"政府来做好优化升级的"加法"，依托阿里巴巴、梦想小镇、人工智能小镇重点聚焦未来网络计算、泛化人工智能、信息安全、无障感知互联、智能制造与机器人等方向，谋划建设智能云、工业物联网、大脑观测及脑机融合、量子计算研究等领域，打造建设成为国际知名的"创新高地、中国硅谷"。另一方面，浙江省人工智能发展专家委员会在海创园成立、举办"未来已来"全球人工智能高峰论坛、新一代人工智能高端峰会等活动，汇聚国家级智库出谋划策。

同时，未来科技城大力实施科技研发创新"523"计划，已建成浙江省首个集"专利、版权、商标、商业秘密"四位一体的知识产权管理服务平台。未来科技城已有国家高新技术企业累计达155家，省级研发中心、技术中心达31家。以数据分析支撑购买服务形式，与梦想小镇入驻企业合作，开发未来科技城企业服务大数据平台，建立标准化企业数据库，提高企业服务、科学决策精准度。

梦想小镇（图3.8）和未来科技城秉承"人才引领、科技支撑、产城融合、绿色发展"的理念，按照"三生融合"（先生态、再生活、后生产），"四宜兼具"（宜居、宜业、宜文、宜游）的要求，创新创业大有作为，产城人文深度融合。现在未来科技城是全国首批双创示范基地和杭州城西科创大走廊建设重点打造的核心区、示范区、引领区，杭州未来科技城在蓬勃发展中又迈上了一个新的台阶，进入产业化发展的全新阶段。

图 3.8　梦想小镇规划效果

二、高新产业与高端人才相生相长

未来科技城坚持推动新旧动能转换，不断更新服务手段，产业规模迅速扩张，产业结构加速升级。

一是应用"互联网＋政务服务"手段，开发企业数据大脑平台，建立统一的企业标准化数据库，一期已覆盖全部55个科创园区和13000余家企业；正在开发的二期将包含政策制定、项目申报、政企互动等功能模块，最终实现一库聚合、一屏展现、一键生成、一体运行的格局。

二是升级企业培育模式，实施"鲲鹏计划"培育工程，综合技术水平、发展水平、融资水平、盈利水平、规模水平五大维度，筛选60家第一批入选企业；落实领导一对一联系制、项目申报优先制、政策制定参与制等五项工作制度，结合区政府专项政策，出台《未来科技城"鲲鹏计划"2018—2022行动方案》，重点培育上市企业、行业领军企业和强企大企梯队等。

三是不断壮大数字经济，小镇始终坚持数字经济"一号工程"，以海创园和梦想小镇为核心，突出互联网产业特色和龙头企业带动作用，着力处理扬优势与补短板、抓孵化与促转化、产业发展与数字应用这三对关系。数字经济方阵以辖区29%的企业数，实现了辖区82%的企业营收、87%的税收和35%左右的国、省千人才数。

四是加速集聚健康医疗产业，健康医疗行业高端人才占未来科技城国、省千人才总数的1/3左右。未来科技城近年来利用与省医疗器械审评中心、省医疗器械检验院的深度合作，重点培育医疗器械企业，在国家实施药品上市许可人制度后，瞄准药企总部、研发和销售两端，强化环境保护、安全生产等管理，着力解决规范化、专业化服务管理难题。

随着产业不断升级，人才也源源不断。在中共中央组织部、国务院国资委和浙江省委、省政府的高度重视下，杭州未来科技城已与北京、天津、武汉等地的未来科技城一起，列入中央企业集中建设人才基地。浙江省委、省政府专门出台了《关于在浙江杭州未来科技城（海创园）

建设人才特区　打造人才高地的意见》，集聚全省资源，加快打造科技资源充分集聚、体制机制充满活力、公共服务便利优质、创业创新高度活跃的人才特区。同时，未来科技城着力推进中国（杭州）名校名院名企联合研究院、浙江大学国家大学科技园、杭州城西高铁新城双创基地、浙大校友企业总部园、浙大超重力国家实验室、阿里巴巴"五新"基地等"2＋7"创新平台建设，搭建人才和项目落地空间。在大平台、大项目的带动下，未来科技城市场主体数量迅猛增长，迅速成为浙江的创新高地。

自2011年挂牌以来，杭州未来科技城始终以引进海外高层次人才为优先目标，尤其重视"带项目、带技术、带资金"的高端人才及创业团队的引进，截至2018年，已累计引进、培育海外高层次人才3120名；"两院"院士10名、海外院士5名，国家千人计划136名，万人计划2名，省千人计划193名，市"521"人才63名；浙江省领军型创新创业团队7支，高层次人才规模和质量继续保持省内领先地位。创新要素的集聚，让这片土地的55个园区，在短短几年时间内涌现出了12000多家创新企业，预计到2020年，未来科技城科创人才将达30万。

2019年以来，面对区域竞争日益激烈、新经济蓬勃发展的局面，未来科技城先后布局建设区块链产业园、独角兽产业园、鲲鹏企业园等专业化园区，从空间供给、资源导入到运营服务等各方面都采取新的理念和手段。鲲鹏企业园已入驻钉钉及其生态圈企业10余家，此外，新落实的17900平方米场地作为后续引入的"鲲鹏计划"培育企业、独角兽和准独角兽企业的办公空间；飞华鲲鹏企业园计划导入未来科技城内优质企业，加速发展，完善改造方案，计划2019年开始改造工程；区块链产业园已有27个项目通过评审，正在分批入驻。

此外，梦想小镇和未来科技城积极优化空间利用效率。一是着力推进老工业园区提升改造，优选义桥、凤凰等产城融合条件好、企业改造意愿高、市场前景广阔的工业园区，作为园区改造的示范区，盘活存量空间。二是强化平台镇街联合办公和孵化成果转化机制，搭建起产业用房供需衔接的"快车道"。当前已累计解决17家企业的产业化空间拓展需求，推荐9家产业化企业在周边镇街、园区落地。三是整合、深挖科创园区空间资源，对已建或拟建的各类科创园建设进行分类指导和管理。

梦想小镇和未来科技城坚持"资源聚合"，营造充满激情的创业生态。梦想小镇充分借力浙大、阿里资源，搭建平台整合人才、项目、资本、孵化器、中介机构等各类创新要素，为创业企业发展壮大提供"肥沃的土壤"。同时，整合利用市场资源，积极引进财务、法务、人力资源、知识产权、商标代理等各类中介服务机构，为企业"保驾护航"。无论在政策层面、经济层面还是社会层面，未来科技城都正以独特的魅力吸引着来自世界各地的高端人才和创业者（图3.9）。

图 3.9　梦想小镇招聘会现场

三、招商引资与招研引智齐头并进

进入21世纪以来，各地对优质项目的竞争日趋白热化。未来科技城要素制约日益紧张化，这促使小镇全面检视自身招商模式，努力实现三大转变：一是从"供地招商"向"供楼招商"转变，出台《创新型产业用地项目准入评估意见》，采取"国企开发＋专业运营商"组合，建设新型产业园区，重点面向孵化成功、拟上市企业和新招引重大项目，采用"先租后售"方式和"供楼招商"模式，推进土地集约利用。二是从"一枝独秀"向"百花齐放"转变，在继续发挥好阿里系在产业布局、产出贡献方面龙头作用的前提下，结合未来科技城强链、补链、延链的增量需求，紧盯企业国际总部、区域总部，逐步形成"百花齐放"的新局面。三是从"政策招商"向"服务招商"转变，通过简化行政审批流程，加快政策兑现速度，优化营商服务环境，把政策先发优势转化为服务优势和环境优势，将政策高地转化为服务高地，向服务招商的"招商2.0版本"升级。

2019年，梦想小镇和未来科技城坚持招商引资"一把手"工程，创新产业链招商新路径，围绕信息经济（人工智能）、健康医疗等核心产业，紧盯大商、好商、高商，成功引进菜鸟网络总部及智慧产业园、vivo全球研发中心、中电海康军民融合示范区等重大项目。着力打造科技金融高地，加强与阿里健康基金、浙商成长基金等投资机构和基金的合作，塑造"智投未来"资智对接明星品牌，加快知识产权质押融资对接试点，举办知识产权质押金融服务发布会暨首批服务企业签约仪式等。

此外，梦想小镇和未来科技城也不断招研引智抢占产业高端。一是紧跟产业发展潮流和方向，积极布局未来产业。围绕人工智能、5G两大未来产业（图3.10），依托"AI＋5G"双核驱动，前瞻性布局产业互联网，通过加强产业研究，捕捉产业投资热点，抢占先机，制定和实施招商计划，成功引进智能网联驾驶测试与评价工信部重点实验室（浙江中心）、华坤道威总部项目、绿城未来社区项目等。二是瞄准国家部委、大院大所等高端平台，加强交流合作，推动国家更多资源向未来科技城倾斜。与中国信通院签订全面战略合作协议，信通院人工智能研究中心和5G研究中心相继落户，借力信通院引进第二届"绽放杯"决赛；与赛迪研究院和中国软件评测中心合作，引进智能网联驾驶测试与评价工信部重点实验室（浙江中心）和智能网联汽车评测机构；与西安交通大学、中国科学院遥感与数字地球研究所和中国科学院自动化研究所密切合作，引进相关平台和项目。

图 3.10　梦想小镇中国（杭州）5G 创新园启动仪式

2019 年 9 月 16 日，梦想小镇继续巩固国内特色小镇的旗帜地位；中央政治局常委、全国人大常委会委员长栗战书莅临小镇调研指导工作。累计集聚创业项目 1645 个、创业人才 14900 名，166 个项目获得百万元以上融资，融资总额达 110.25 亿元；引进 Plug and Play、500 Startups、中法梦想小镇科创加速器等国际众创空间；举办"梦马"、法国日活动、创业先锋营等活动 1316 场，参与人数超过 18.8 万人次。人工智能小镇入选了省级特色小镇培育名单，成功举办了多场人工智能类项目评审，吸引了之江实验室、阿里－浙大前沿技术研究中心、百度（杭州）创新中心、中乌人工智能产业中心等 17 个高端研发机构及 290 余个创新项目，日均就业人员 2527 人。南湖达摩小镇（暂命名）涵盖之江实验室园区、阿里达摩院等重大项目，将积极探索未来城市开发建设；已开展南湖小镇规划编制与研究、土地利用规划局及农转用报批、相关区块征迁和阿里达摩院概念方案编制等工作。

第四章

梦想小镇特色与优势（二）：
创新创业资源集聚

第一节 梦想小镇创新创业资源集聚概况

创新资源是指创新主体参与知识生产活动的要素禀赋，包括创新过程中的知识、人才、技术、资金和管理等一切有利于创新发展的资源（陈菲琼 等，2011；李福 等，2018）。创业资源是新企业在创建过程中先后投入和使用的各种有形和无形资源的总和，创业资源可以分为资产资源和知识资源两种，资产资源主要包括人才、物质、资金、技术和市场等有形资源，而知识资源主要包括技术诀窍、知识产权、信息等无形资源（朱秀梅 等，2011）。创业资源要素的丰裕程度和获得的难易程度直接影响创业活动的绩效。创新资源集聚可以看作是高技术企业的集聚化或高技术的产业集聚，它是指高技术领域内相互关联的创新主体或机构在一定的地理位置上的集中，并形成结构完善、相互支持、系统健全、充满创新活力的体系（陈菲琼 等，2009）。综观全球，创新资源集聚是一个极其普遍的现象，国内外创新资源集聚成功的案例不计其数，最典型的代表如美国硅谷的IT产业集群、印度的班加罗尔软件产业群、英国的剑桥科技园，以及我国台湾的新竹工业园区和北京的中关村等。梦想小镇是小镇模式的众创空间，本身是各种各样创业资源尤其是异质性资源的集聚空间。陈凤等（2015）以梦想小镇为例，将众创空间的创业生态系统结构划分为众创精神、创客生态圈、资源生态圈、基础平台与众创政策等四个空间维度，其中创客生态圈是指众多富有创新创业精神的创业者基于共同的创业梦想与价值追求形成的人际信任网络；资源生态圈是众多资源丰富的创业相关者，包括各类创业投资家、创业导师、专业技术人才（包括律师、会计师、税务师、知识产权专家等）以及产业链相关主体，他们及时地为创客提供创业知识、创业资金、创业服务等创业资源。

综上分析，并结合相关资料和数据的获得性，本节从创新创业人才、孵化器、中介服务机构、资金、知识集聚方面展开分析。

一、优质人才集聚

创新型人才是技术创新和社会经济高质量发展的首要资源，人才的流动与集聚实质上体现出知识、技术、创意、管理等智力资本的流动和投入（李福 等，2018）。高素质、高学历和资质强的创新创业人才集聚促成了创业利益相关者之间的合作网络，并带来了关系资本，同时为建立与完善服务、制度和文化等结构资本提供了人才支持，进而促进了众创空间知识积累、组织创新和组织经营竞争优势的可持续发展（田颖 等，2018）。

梦想小镇所在的未来科技城始终坚持"人才引领、创新驱动、产城融合"，呈现发展强劲势头。截至2019年7月，未来科技城累计引进"两院"院士11名、海外院士5名；海归人才3246名，其中国家"千人计划"人才136名、国家"万人计划"人才2名、国家级海外高层次人才142名、省级海外高层次人才195名；浙江省"千人计划"人才193名，杭州市"521"人才63名；浙江省领军型创新创业团队11支，未来科技城已成为浙江省海外高层次人才最为密集、增长最快的人才特区。截至2019年7月，梦想小镇集聚创业项目1930个、创业人才16900名。创客由众多大学生创业者、高层次海外留学归来创业者、科技人才创业者以及高管创业者等组成，创客平均年龄25.7岁，其中21～30岁人员占比最大，占63.12%。截至2019年7月，梦想小镇已形成了一支以阿里系、浙大系、海归系、浙商系为代表的创业"新四军"队伍，其中，"阿里系"具有技术优势，"浙大系"具有创业领导和管理优势，"海归系"具有新思想和国际化优势，"浙商系"具有资本与市场实力优势（朱伯伦，2018），创业"新四军"队伍构成见图4.1所示。

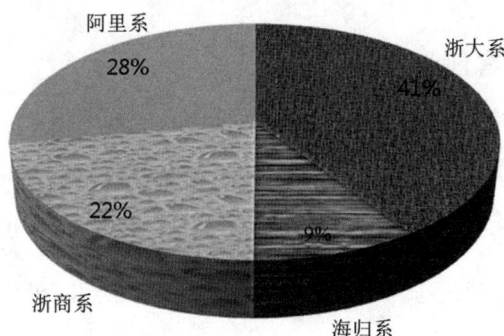

图 4.1　梦想小镇创业"新四军"队伍构成

资料来源：未来科技城（海创园）内部资料。

二、孵化机构集聚

企业孵化器（business incubator）是一种具有特殊用途的设施，专门为经过筛选的知识型创业企业提供培育孵化服务，帮助企业将他们的产品或服务成功地打入市场，孵化器一般分为政府财政投入主导型和大企业投入或投资机构主导型两类（汪群，2016）。相比于一般的企业孵化器，新型众创空间的孵化器更强调对缺少创业经验的创业团队进行产品创意萌发、产品生产、市场营销及模式运营等创业关键阶段的专业辅导与支持（向永胜 等，2017）。

梦想小镇积极引进孵化服务机构，搭建孵化平台，从而为创业企业提供更为便捷的新型孵化服务。截至2019年7月，梦想小镇累计引进包括深圳紫金港创客、良仓孵化器、极客创业营等国内知名孵化器共53个，其中被认定为国家级的有8个，省级的有3个，市级的有7个；同时，还引进了Plug and Play、500 Startups、中法梦想小镇科创加速器等国际众创空间孵化器。截至2019年7月，梦想小镇的创业孵化器可以分为巨头引领型、投资主导型、媒体主导型、产业链整合型、二房东型等，各类孵化服务机构基本涵盖了办公、融资、社交、培训、市场推广、技术研发、战略辅导等各环节的孵化培育服务。省级及省级以上的孵化器

介绍如下[①]:

（一）极客创业营

极客创业营是由浙江本土优秀的年轻一代投资人、国家级科技孵化器、权威科研学术机构、创业服务社群整合资源共同发起，由知名天使投资机构帮实资本投资设立的创投孵化器（众创空间），先后被相关部门认定为市级、省级、国家级众创空间。极客创业营以极致创新精神作为经营理念，通过高校创业社团、国内知名开发者社区，结合旗下互联网创业社群积极发掘早期创业项目，对入孵企业提供覆盖基础创业支撑、创业培训、创业社交、导师辅导、管理咨询、媒体策略及运作、定制融资方案等全方位创业孵化，与浙江丰裕的产业资本结合，对具有极致创新精神的互联网创业企业进行战略投资，真正实现"互联网＋"的创业实践。2016年5月，极客创业营与未来科技城管委会和浙江金控投资管理有限公司达成三方协议，并成功入选由时任浙江省省长李强发起的"浙江省天使梦想基金"项目征集与孵化管理的唯一合作伙伴。自此，极客创业营所打造的"孵化＋投资"生态更加完善，全面迈向新的高度。

目前，极客创业营共有四个孵化基地，分别位于梦想小镇核心区块16和18号楼、梦想小镇1号楼（梦想基金创梦空间）、滨江区万轮科技园、江干区国家大学科技园，总计约10000平方米，孵化企业200余家，其中达到8个月孵化周期的项目有52家，在孵化期间获得融资估值千万元以上项目有17个。作为极客创业营的发起和运营机构，帮实资本管理着5只人民币天使投资基金和1只"互联网＋"产业基金，基金总规模约人民币5亿元，年投资规模1亿元。基金偏好投资TMT（电信、媒体和科技）、信息技术、医疗健康与消费品等行业。从2014年迄今投资项目40余家，其中通过极客创业营直投项目11个。

（二）湖畔良仓

湖畔良仓（原良仓孵化器）由前阿里高管于2015年3月成立，位

---

① 孵化器简介.未来科技城（海创园）管委会内部资料，2019.

于梦想小镇互联网村23、25号楼。湖畔良仓以"让创业不再孤单，让创业更加简单，让创业更加好玩"为使命，帮助创业团队打造"天下良仓""天堂硅谷"。湖畔良仓旗下有国家级众创空间1个，省级优秀众创空间1个，杭州市级众创空间5个。

湖畔良仓拥有强大的创业资源：1.拥有全方位的创业支持导师队伍。湖畔良仓可以提供最强大的创业导师团队、投资人导师团队、专业技术团队、媒体品牌指导团队，可协助组建合作人团队，并协助打造创业团队文化氛围和品牌。2.建有前阿里高管团队。良仓孵化器管理团队成员包括阿里集团的前中高管、前产品大学负责人和集团技术协会技术社区负责人等，他们有丰富的管理经验。3.设有良仓孵化器专属基金。优秀入驻创业团队可以获得50万～200万元人民币的启动资金，而且背后有盈动资本、元璟资本、顺融资本、阿基米资本、阿米巴资本、线性资本等众多著名基金的扶持。4.使用阿里系的培训体系。良仓的管理团队自然地引入阿里系百阿、百淘、产品大学、技术大学的培训体系，同时又获得阿里无线开放平台"百川计划"和阿里离职员工俱乐部"前橙会"的鼎力相助，更好地帮助创业者顺利成长。正因为拥有上述强大的创业资源，良仓可以有效帮助创业团队找资金、找人才、打磨产品技术、注册财务法务企业，也可以协助申请创业券、梦想基金等，打包全方位的贴心创业服务。

良仓孵化器定位于移动互联网领域的长期运营与发展，重点扶持移动互联网领域技术创新型、模式创新型等创新创业项目。良仓孵化器是湖畔良仓的前身，孵化了数澜科技、E修哥、机蜜等多家准独角兽企业，得到了CCTV《焦点访谈》《经济半小时》栏目、新华社等多家媒体的报道。

（三）第七空间

第七空间由杭州日报报业集团和励博知识产权集团联合创立，是一个立足项目运营孵化的全新创业平台，先后被相关部门认定为市级、省级、国家级众创空间。第七空间为入驻的公司提供免费的办公空间、第三方专业服务、创业辅导及创业导师资源共享、分享交流及资源对接、产品和技术资源对接、海外战略合作与服务、股权融资服务、市场运营及媒体品牌宣传服务、资本市场资源等众多优质孵化服务。

第七空间已汇聚了30多个极富潜力的项目，涵盖大数据平台、智能硬件、安全支付、互联网金融、智慧医疗、智慧农业、智慧旅游、健康科技、文化创意、智能穿戴等领域，可以为入驻的创业企业提供社会传播、数据平台、投资资源、创业辅导、培训评估等综合的特色服务。运营四年来，第七空间已孵化企业50余家，投资项目10多个，举办大小活动百余场，创业企业共计融资达8000多万元。

（四）湾西加速器

湾西加速器由浙江大学毕业生创办，专注于为大学生和年轻创业者提供教练式孵化，即更精准地为大学生和年轻创业者指出创业中的问题，并给予实际有效的建议和帮助。湾西加速器发展迅速、特色明显：1.与浙江大学开展深度合作。浙大管理学院师生是湾西加速器的常客，时常与创业团队之间进行技术、创新等方面的交流与合作。湾西加速器联合其他基金公司与浙大合作，在浙大校园内建立了校园空间孵化器，为浙大在校学生创业团队提供创业空间、平台和支持。2.创业者与海外资源的对接交流互动频繁。湾西孵化器聘请了斯坦福大学、麻省理工学院和硅谷创业者及相关服务机构资深人员担任顾问，每年组织国际创业比赛、海外资本对接、本土创业团队赴硅谷游学及国际团队交流办公（与国际孵化器及大学合作）等特色国际交流活动。通过这些国际交流活动，湾西加速器致力于打通硅谷和西溪这两个创新创业的圣地，实现"谷溪互动"。3.湾西加速器内部创业团队之间交流频繁。内部创业团队利用各自的特长帮助对方，形成了良好的互帮、互助、互惠的创业氛围。

湾西加速器专注于移动互联网和大学生创业，为创业企业提供创投对接、人力资源、产品及商务等教练式创业服务，尤其专注于海外资源的对接和国际交流孵化。由于孵化绩效出众，湾西加速器先后被相关部门认定为市级、省级、国家级众创空间。

（五）蜂巢

蜂巢由"阿里十八罗汉"发起成立，是国内知名的"阿里系"众创空间。蜂巢坚持倡导"梦想合伙人"的理念，通过专业类、垂直类专业空间的布局和运营，构建创业"生态圈"。蜂巢梦想小镇站是蜂巢全球布点的第一站，空间面积1200平方米，集独立办公区、开放办公区、路演区、咖啡休闲区、健身区等功能区于一体，蜂巢梦想小镇站先后被相关部门认定为市级、省级、国家级众创空间。

蜂巢梦想小镇站主要面向互联网、智能硬件、高新技术产业等领域的创业团队，可以为创业团队提供咖啡、路演、办公场地、智能化管理、人才培养、云储存、财务法务等基础服务及一对一导师服务、资金解决方案、公关解决方案、专业技术解决方案等一系列深度创业支持服务。

（六）浙江青年众创空间

浙江青年众创空间在共青团浙江省委、浙江青年企业家协会指导下，由浙江之江青年创业服务中心创建，为创业青年提供了创新创业的综合服务。空间总面积为1707平方米，项目孵化区有76个工位，有2个可分别容纳15人的会议室，2个20座的洽谈会客区，1个可容纳200人的路演中心。同时，浙江青年众创空间整合了政务、研发、人才、金融、法务、企业管理等基础领域的众多服务，可以为创业青年提供从创意到项目成熟各个不同阶段的资金、人才、知识、合作等方面各种服务，帮助创业青年顺利成长。另外，浙江青年众创空间还提供云数据共享、限额免费云服务、创业培训、创业大赛等形式的支持。由于孵化绩效出众，浙江青年众创空间先后被相关部门认定为市级、省级、国家级众创空间。

（七）中国电信创新创业杭州基地

中国电信创新创业杭州基地由中国电信集团公司创设，通过"专业孵化＋创业导师＋天使投资"的孵化模式，将中国电信的资金、网络、技术、人才、创意等创业资源、社会科技创新环境、产业资本进行高效整合对接，积极扶持内部员工和社会有志之士的早期创业。空间总面积为1035平方米，项目孵化区有150个工位，电信孵化器先后被相关部门认定为市级、省级、国家级众创空间。

中国电信创新创业杭州基地在立足央企资源和品牌优势的同时，还引入了民企的股权和人才激励机制，同时开放社会资本参与渠道，开创了国有资产体系下推动自主创新和企业发展的新模式，打造了国内领先的创业服务和投融资平台。

（八）原质创想

原质创想是原质资本旗下专注于科技创新领域的国家级众创空间。原质资本是由爱财集团、前阿里人和知名天使投资人共同发起成立，以科技创新、消费金融、"互联网＋"、移动互联网为主导投资领域的创业投资机构。原质创想依托原质资本雄厚的资本实力和国际孵化理念，以"全方位孵化＋投资＋资本运作"为核心，服务于AR/VR、人工智能、智能科技等领域的创新人才和优秀初创企业，为创业团队提供商业设计、资金支持、战略资源输送、财务法务咨询等一系列纵深阶梯式创业孵化服务。

（九）纵贯会

纵贯会是阿里人的创业基地。空间总面积为4796平方米，项目孵化区有500个工位，纵贯会先后被相关部门认定为市级、省级众创空间。自孵化器创立以来，纵贯会始终秉持"勤奋、开心、创新"的企业精神，为互联网企业提供创业服务与资金支持，创造了积极的创业文化与氛围。自孵化器创立以来，已成功引进企业40多家，员工1200余人，成功帮助众多创业者实现了创业梦想。今后，纵贯会仍坚持集聚全部优势资源，全力协助降低企业的创业风险和创业成本，提高企业的存活率和成长性。

（十）创梦空间

创梦空间是浙江省天使梦想基金专属的线下培育实体，由知名天使投资机构帮实资本旗下专业的团队负责运营，以极致创新精神为运营理念。创梦空间总面积为1350平方米，项目孵化区有工位106个，创梦空间先后被相关部门认定为市级、省级众创空间及省级优秀众创空间。

创梦空间经由优秀的新生代投资人、国家级科技孵化器、权威科研学术机构、创业服务社群资源整合，共同服务于创业团队，帮助科技互联网创业企业实现"互联网＋"创业梦。

（十一）新势力创业营

新势力创业营由浙江文创控股集团倾情打造，专注创建低成本、便利化、全要素、开放式的众创空间。新势力创业营总面积为1780.81平方米，项目孵化区有工位120个，被相关部门认定为省级众创空间。

新势力创业营的孵化方向是互联网技术（传感技术、通信技术、计算机技术、大数据等）、互联网应用（电子商务、互联网金融、网游、手游等）、文创产业（动漫游戏、设计业、广告业等）。新势力创业营的服务体系包括：1.新颖独特的装修，齐全的场地设备。创客范、科技范十足的咖啡厅和办公区，统一前台服务、个性化的办公空间和集中会议室，可满足不同类型创业团体的发展需求。2.全流程定制化服务。新势力创业营可以为创业企业提供创业咨询、知识产权、商标注册、导师会诊、技术应用支持、云储存等综合服务。3.创业辅导及资源对接活动。新势力创业营定期举办项目路演、大咖沙龙、天使午餐会等投融资对接活动。4.创投基金"一对一"服务。浙江文创控股集团旗下首个"创享基金"已经进入项目投资阶段，新势力创业营入孵项目将获得"创享基金"投资人"一对一"的辅导对接服务，帮助创业者更直接地接触资本市场。

三、中介服务集聚

创新创业中介服务机构是指提供财务、税务、知识产权、科技申报等专业化服务的各类知识型中介机构，主要为创业企业提供相关创业知识和创业服务，以降低创业成本，提升创业成功率。初创企业因自身能力缺陷和资源约束，必须依靠资源整合，借助外部资源才能更好地实现创新创业。这些知识型中介机构将发挥巨大作用，能支持创业企业将知识资源整合利用，并有效驱动创业企业的创业能力（李文鹣　等，2017）。

截至2019年7月，梦想小镇内入驻创新中介服务机构22家，其中财务类服务机构6家，法务类服务机构5家，税务类服务机构3家，知识产权申报类服务机构3家，科技申报类服务机构2家，人力资源类服务机构1家，标准化类服务机构1家，广告传媒类服务机构1家，如图4.2。

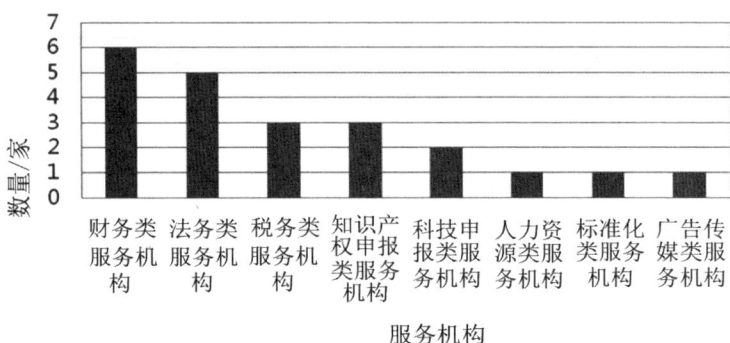

图 4.2　梦想小镇创新创业中介服务机构类型分布

资料来源：未来科技城（海创园）内部资料。

八大类中介服务机构重点企业如下[①]：

（一）财务类服务机构：杭州嘉和财务管理有限公司

杭州嘉和财务管理有限公司（以下简称嘉和财务）是一家经杭州市财政局批准和颁证，具备专业代理记账服务资格和企业注册登记代理资格的财务服务机构。嘉和财务建立了科学的规章制度，拥有一批业务既精通又全面的财务专业人士。

嘉和财务服务项目门类齐全，执业行为规范，并具备业务不受行政区域限制的行业优势。公司与税务机关沟通密切，能及时准确地为企业经营决策提供最新的税收政策法规方面的信息及涉税服务。嘉和财务在服务杭州各区的中小型企业的过程中，积累了会计与税务服务方面的丰富经验。公司服务的中小型企业已覆盖进出口贸易类、生产制造类、电子科技类、生物制药类、投资咨询类、广告制作类等各类型企业。除为

---

① 关于现有中介服务机构现状.未来科技城（海创园）管委会内部资料，2019.

各类企、事业单位提供财务及税务咨询、税务登记、会计核算、纳税申报、负责参加税务相关会议及税务检查工作外，嘉和财务还可同时办理验资、审计、企业办照咨询等业务。

（二）财务类服务机构：杭州金财上杰财务管理有限公司

杭州金财上杰财务管理有限公司（以下简称为金财上杰）成立于2009年6月，是杭州滨江高新区最早取得代理记账许可证的企业，与上市公司金财互联组建以后，金财上杰积累了更多资源与人脉，业务领域覆盖整个企业服务。金财上杰秉承"以人为本、服务至上"宗旨，积极为大中小型企业提供一站式多方位的诸如企业生长全流程服务（工商设立、变更、注销、社险、人事、许可证办理等）、个性化财税服务（外派财务、咨询顾问、审计、税收筹划方案等）、企业成长财务管理法务与人事服务（劳动关系管理、合同管理、股权激励、风险管理等）。金财上杰的主要优势如下：1.公司网点覆盖整个杭州区域，金财上杰总部迁至余杭区共谋发展，团队分公司可全区域接单服务。2.公司内部引进竞争机制，响应速度快，专业度高。3.团队管理经验丰富，不仅有税务工作经验丰富的税筹老师，而且有相关法律从业人员，股东有相关专业背景与创业经验。金财上杰现有员工80多人，已为1万多家企业办理设立、变更手续，为2000多家企业办理记账业务。

（三）财务类服务机构：杭州未来商务秘书有限公司

杭州未来商务秘书有限公司（以下简称未来商务）是杭州未来科技城（海创园）首家商务秘书企业。杭州市政府为响应浙江省政府办公厅《浙江省放宽企业住所（经营场所）登记条件的规定》，进一步加快杭州全国电子商务中心和全球电子商务之都建设，完善电子商务企业发展环境，大力推进不租商业房也能开公司的零门槛创业。在此背景下，未来商务应运而生，专注为创业企业提供综合性财务服务，助力创业者"轻松拥有一家属于自己的公司"。未来商务业务范围主要包括提供注册登记代理（一址多照、集群注册、企业托管）、财税代理及相关服务、企业秘书服务（代理收递各类法律文件、客户接待、来电转接、安排会议及其他商务秘书配套服务等）、前台服务及配套商务服务等。

（四）法务类服务机构："律企联"法律服务平台

"律企联"法律服务平台（以下简称为律企联平台）是由浙江日报报业集团打造、浙江法制报主办的，主要为企业提供法律服务，传播实用法律知识，旨在打造中小微企业的贴身法律顾问。律企联平台整合了优质律师资源，开创了"多对一"的专业法律服务模式，更有浙江法制报专家顾问团提供专业权威学术指导，为广大中小微企业提供免费法律服务以及专项法律服务定制。

（五）法务类服务机构：浙江律讯网络科技有限公司（云合同）

浙江律讯网络科技有限公司（以下简称云合同）成立于2014年5月28日，公司团队由原阿里、浙大网新、网盛科技的高管团队以及原移动、华为、亚信的技术骨干组成。2016年，云合同获政府产业基金A轮投资1000万元人民币，是国内唯一获得政府投资的第三方电子合同平台。同时，云合同是唯一获工信部认证的国家电子合同创新服务平台。此外，云合同还是国家旅游局、浙江省人力资源服务协会、三省两市（浙江、湖南、福建，宁波、苏州）中小企业局唯一电子合同服务商。

基于《合同法》与《电子签名法》，云合同可以为客户提供实名认证、电子签名、电子合同管理、数据存证、法律服务等电子合同全生态服务。应用场景覆盖金融、旅游、人力资源、物流、电商、在线教育、制造业、O2O、房产以及政府机构等众多领域，只要有签字盖章，就有云合同。云合同与西南政法大学、八方律师联盟及全国各地的十几家律师事务所达成了战略合作关系，遍布全国各地的1500名资深律师可以为企业快速提供各个细分专业领域的法律服务。

（六）税务类服务机构：杭州余杭东方税务师事务所

杭州余杭东方税务师事务所（以下简称东方税务）成立于2000年，

是一家拥有10余年涉税服务经验的税务中介服务机构，连续八年入围中国注册税务师百强事务所，同时荣膺中国注册税务师协会评定的4A级税务师事务所。东方税务现有员工100余人，其中中国注册税务师20余人、拥有大专以上学历并具有专业技术职称90余人，是一支由税收、财务、法律、金融等各专业领域人才组成的复合型优秀团队，具有丰富的税收理论知识和实战经验。东方税务专业从事各类税务咨询、税收筹划、税务顾问、涉税鉴证及代理记账等各类涉税业务，秉持"专注、专业、合作、共赢"的经营理念，竭诚为客户提供专业的服务，已和数千家客户建立了稳定、良好的业务关系。

（七）知识产权申报类服务机构：杭州励博知识产权代理有限公司

杭州励博知识产权代理有限公司是从事知识产权全球服务的国家高新技术服务型企业，以全面的知识产权服务为内容，以精湛业务支撑中国科技创新事业为使命，近年来获得了长足的发展。

目前，杭州励博知识产权代理有限公司以"励博Libra"为统一标识品牌的服务机构已在国内广泛布点，服务机构涵盖专利事务所、商标事务所、无形资产评估事务所、政府知识产权服务中心、世界专利数据库、发明投资公司等，涉外业务可覆盖世界绝大多数国家。杭州励博知识产权代理有限公司位于梦想小镇互联网村2号楼。

经过多年积累，杭州励博知识产权代理有限公司拥有了丰富的产业服务链基础，为杭州未来科技城（海创园）等各地多个高新园区内的中小微科技型创业企业提供集中的知识产权配套服务。

（八）科技申报类服务机构：杭州运酬科技有限公司

杭州运酬科技有限公司（以下简称为运酬科技）是由浙江省科技厅和财政厅共同认定的"浙江省重点科技服务机构"，也是目前浙江省高企协会唯一一家民营科技服务机构理事单位。运酬科技自成立以来，秉持"满足客户需求，为客户增值"的服务宗旨，致力于为各行业客户提供政府政策咨询、项目申报规划、申请认定、知识产权咨询、科技成果转化、税费减免咨询等一站式外包服务解决方案，为企业、大学和科研院所提供产、学、研、政、资合作的"顾问式、一站式"专业服务。

为此，运酬科技建立了一支专业的全职咨询师队伍、专家智库团队以及合作伙伴团队。全职咨询师队伍是由一批来自全国各地知名高校的高、精、尖综合型人才组成；专家智库团队由300多名涵盖电子信息、新材料、生物医药、机械工程、工业设计、财务管理等领域的知名教授学者和行业专家组成；运酬科技还与浙江各大高校、行业协会、风投机构、检测机构、会计师事务所、律师事务所、银行、孵化器基地、人才服务机构等行业知名服务机构开展紧密合作。同时，运酬科技还配备专业的专利事务所、浙江省内最顶尖的审计咨询服务团队以及权威的成果鉴定机构，为企业提供完善的"全方位＋一站式"定制服务。

（九）人力资源类服务机构：中国国际技术智力合作有限公司

中国国际技术智力合作有限公司是中央管理的国有重点骨干企业，是国务院国资委直属的唯一一家专业从事人力资源服务的中央企业，致力于为企业提供全方位的人力资源及科技服务，连续11年进入中国企业500强，列500强企业人力资源企业类第1位。目前服务于世界和中国近10万家企业和1000万名员工。

中国国际技术智力合作有限公司于2005年设立浙江中智经济技术服务有限公司（以下简称为浙江中智），浙江中智总部位于杭州下城区中国杭州国际人力资源产业园。浙江中智现有服务涵盖人力资源事务性服务（人事代理、人才派遣、商保体检、弹性福利、猎头招聘、背景调查、联合工会）、财务服务（薪资服务、代理记账、税务代理、社保地税申报、转移支付、财务咨询）、商务服务（企业注册、商务签证、外籍工作许可证办理、外籍居留许可证办理、外籍社保服务、外籍商保服务、企业年报、翻译服务）、业务外包（HRSSC外包、招聘流程外包、行政外包、客服外包、岗位外包、档案外包、灵活用工服务）、政府项目外包（党建平台、档案外包、窗口外包服务、信息化管理）、人力资源管理咨询（组织架构、薪酬调研、人才测评、法务咨询、认证培训、企业内训、绩效考核、企业文化）。

（十）标准化类服务机构：杭州佳普企业管理咨询有限公司

杭州佳普企业管理咨询有限公司（以下简称为杭州佳普）由国际著名认证机构高级审核员与浙江大学教授联合创立，是业内最早专业从事认证咨询的顾问公司之一，有着10多年丰富的实战经验，是浙江省咨询行业先进企业。杭州佳普拥有一支高效的管理团队和一大批业务精湛的涵盖各领域的咨询师、审核员、相关行业专家，可以为客户提供信息安全、IT服务、质量、环境、职业健康安全管理体系认证、产品认证、企业专项管理等咨询项目和标准化体系建设。

同时，杭州佳普与国内外众多知名的认证机构保持了多年长期的合作关系，合作认证机构包括：中国网络安全审查技术与认证中心、中国质量认证中心、北京新世纪、华夏、英格尔、联合智业、万泰、泰尔、中物联、赛宝、北京泰瑞特等。杭州佳普提供认证咨询服务的业务范围包括：ISO27001（信息安全管理体系）、ISO20000（IT服务管理体系）、ISO9001（质量管理体系）、ISO14001（环境管理体系）、OHSAS18001（职业健康安全管理体系）、ISO22301［业务连续性管理体系（BCMS）］、商品售后服务评价体系、CMMI3/4/5（软件成熟度模型）、ITSS（信息技术服务标准）、TS16949（汽车行业质量管理体系）、泰尔认证等。凭借精湛的业务，杭州佳普已经为蘑菇街、正泰、三元、新海股份、西子集团、百事可乐、博世（BOSCH）、液化空气（Air Liquide）等近1300家国内外知名品牌企业提供过优质认证咨询服务。

（十一）广告传媒类服务机构：杭州比智科技有限公司

杭州比智科技有限公司（奇点云为品牌名，以下简称为奇点云）由前阿里云专家于2016年12月联合创立，是国内AI驱动的数据创导者，专注为企业提供"两云一端"（数据中台、业务中台、智能门店）的产品和服务。2017年2月起，先后完成了来自湖畔山南资本管理有限公司和陆兆禧个人的共计1660万元天使投资，晨兴资本领投、IDG资本、湖畔山南、陆兆禧个人跟投的2400万元Pre-A轮融资，晨兴资本领投、IDG资本、浙商创投、禧筠资本跟投的6000万元A轮融资等多轮融资。奇点云的视觉计算和IOT技术全球领先，其中人脸识别技术在MegaFace测试中获得全球第五，行人重识别（Re-ID）技术排名全球第二，精度达95.8%。凭借先进的大数据理念和数据智能技术，奇点云斩获阿里巴巴全球"诸神之战"创客大赛的"最具潜力奖"，并荣登2019年杭州准独角兽企业榜单。

四、投资资金集聚

创新创业离不开资金的支持，资金是创新创业企业抢占市场先机、快速提升竞争优势的有力武器（穆瑞章 等，2017），资金是创新创业活动取得成功的关键因素。对于初创型企业和创业者而言，资金不足是创新创业的最大拦路虎，而各种融资机构（主要包括银行等金融机构、天使基金、风投资本等）能为创业企业提供创新创业所需要的资金，可以帮助创业企业成功跨越从技术研发到产品创新上市的"死亡谷"，因此，资金就是众创空间创业生态体系良性运转的润滑剂（杨艳娟 等，2017；李福 等，2018）。一旦资金变成资本，资本因逐利的本质属性往往会流向能够带来价值最大化的区域，因此畅通高效的融资渠道是创新资源集聚发展的重要前提。以硅谷为例，其不仅有上千家风险投资公司和数千家中介服务机构，而且还有完善的风险投资机制，正因有如此顺畅的融资渠道，以斯坦福大学为首的科研院所与充裕的风险资本的结合才造就了举世闻名的硅谷奇迹（陈菲琼 等，2009）。正因如此，2007年的《硅谷指数》将风险资本作为硅谷保持持续创新竞争优势和领先世界的三大核心要素之一[①]。

---

① Joint Venture Silicon Valley Network. Index of Silicon Valley 2007[R].2007. https://jointventure. org/images/stories/pdf/index2007.pdf.

2018年，未来科技城（海创园）实际完成外资投资3.42亿美元，浙商回归资金35.08亿元；2019年1—5月，未来科技城实际利用外资2亿美元。截至2019年7月，未来科技城累计引进金融机构1400余家，管理资本规模达2973亿元。截至2019年5月底，未来科技城通过风险池评审的项目有205个，总贷款规模为6.085亿元；通过知识产权贷评审的项目为12个，总贷款规模为0.335亿元。双创生态的打造离不开资本的扶持，梦想小镇在建设之初，省市区各级政府也给予了资金上的大力扶持，成立了天使梦想基金、天使引导基金、创业引导基金、信息产业基金等政府基金，部分基金、风险池、知识产权贷款情况见表4.1。当然，梦想小镇也极为重视吸纳各类社会资本参与创新创业，正是通过上述政府基金运作强化"资智"对接，方能有效撬动社会资本。截至2019年7月，166个创业项目获得百万元以上融资，融资总额达110.25亿元。

表4.1　部分基金、风险池、知识产权贷款情况

序号	名称	金额	出资方及比例	对象	参股形式	退出形式
1	天使梦想基金	2亿元	区政府	梦想小镇金钥匙、通过海创园或人工智能小镇项目	30万、80万、150万元	下一轮融资退出，盈利30%奖励团队，70%加股本回基金池
2	让利性股权投资引导基金	20亿元（引导基金、直投、子基金）	区财政（金控集团）	让利性补助(优先股、直投由金控直接投资、子基金类似引导基金)	以优先股方式，不超过3年，利率为基准利率不超85%，单个不超2000万元	以股东回购、挂牌转让、破产清算等方式实现退出
3	产业投资引导基金直接投资				不超过5年，单个不超过1000万元	适时通过股权转让、股票减持、股东回购以及清算等方式实现退出
4	股权投资基金（子基金）				其他约定	章程或合伙协议

续表

序号	名称	金额	出资方及比例	对象	参股形式	退出形式
5	创业贷风险池	2500万元（信贷规模2亿元）	科技城、余杭政策性担保、银行（比例为4：4：2）	科技城大学生创业（毕业10年内）	单个最高100万元	
6	金融风险池	5000万（信贷规模4亿元）	科技城、余杭政策性担保、银行（比例为4：4：2）	科技城内企业	单个最高500万元，不同企业区别额度	
7	知识产权贷款	信贷规模1亿元	科技城、杭州高科技担保、江苏银行（比例为4：4：2）	科技城内企业	单个最高500万元，不同企业区别额度	

资料来源：未来科技城金融政策汇总。未来科技城（海创园）管委会内部资料，2019。

五、创业知识集聚

创新创业人才、孵化器、中介服务机构的集聚，不仅仅带来资金的大量集聚，还会引起创新创业知识的大量涌现。创新创业人才、孵化器、中介服务机构的集聚在一定的条件下可以为众创空间提供战略性创业知识和技术性创业知识。

战略性创业知识主要是指与创业战略规划与商业模式设计相关的知识和经验。对于刚刚起步的创业者而言，由于创业经验不足，商业视野不够开阔，所以迫切需要富有创业经验和成就卓越的创业导师团队对创业者进行战略性指导。事实上，天使投资、风险投资机构等不仅仅是创业资金的提供者，更是优秀的创业导师团队的集聚地，比如梦想小镇的著名风险投资机构硅谷风投，凭借其敏锐的产业洞察能力与丰富的风险投资经验，对旗下的创业孵化项目进行战略指导与商业模式的优化设计，使得创业项目战略方向符合市场需求，发展路径更加清晰（陈凤 等，2015）。只有提高战略性创业知识，创业企业的项目成功率才有可能大大提升。

技术性创业知识主要是指核心技术研发、产品开发、商业运营与管理等方面的知识与经验。科技专家及各类专业人才可以帮助创业团队解决在创业过程中遇到的技术、商业模式以及运营上的各类难题。比如阿里巴巴面向移动开发者实施的"百川计划"，通过开放阿里在无线端的电子商务交易能力、会员营销能力、数据共享能力、百川云旺（Open IM）等资源，提供包含电商场景对接、流量转化与变现、技术服务、创业扶持等全套解决方案，全方位助力创业企业的快速成长。在梦想小镇，缺乏技术基础的互联网创业者可以便捷地通过"百川计划"获得App开发、互联网技术服务等多种技术支撑。

梦想小镇拥有一支卓越的创业导师团队，现介绍如下几位优秀创业导师[1]：

1.SegmentFault（堆栈科技）联合创始人兼CEO高阳。堆栈科技是一家中文开发者社区及媒体公司，也是多个黑客马拉松活动的组织方，公司于2012年由高阳（90后）、祁宁（前雅虎口碑员工、开源软件Typecho发起人）、董锋（开源软件Typecho设计师）联合创立。2014年，《福布斯》发布2014福布斯中国30位30岁以下创业者榜单，年仅24岁的高阳作为堆栈科技联合创始人兼CEO入选，随即成为科技界令人瞩目的一匹黑马。堆栈科技是成功上榜的总部位于杭州的唯一一家公司。《福布斯》评委王淮（致景投资创始合伙人，Facebook前研发经理）给高阳和堆栈科技做了如下点评：中国需要这样用心去运营技术社区的年轻人。他们本身就是极客（狂热于技术的人），也是极客文化的布道者。而这种极客文化的传播，将对中国的互联网产业产生很大的推动作用。作为创业导师，高阳的创业经历一定会给年轻的创业者深刻的感悟。

2.杭州盈动投资管理有限公司创始合伙人及"B座12楼"发起人项建标。杭州盈动投资管理有限公司（以下简称为盈动资本）创立于2009年，公司的特质为价值导向、研究驱动、独立思考，专注于以互联网为

---

[1] 资料来源：梦想小镇官网 http://www.dream-town.cn/index/index.

代表的新经济领域（包括大数据、人工智能、泛娱乐、新金融、新零售等前沿领域）的早期项目，投资阶段包括天使、Pre-A和A轮投资。盈动资本旗下拥有5只人民币基金，管理的资本规模达10亿元。项建标对互联网与传统产业的融合有深刻独到的见解，自公司成立以来，先后投资了一批具有互联网思维和高成长特质的创新型企业。此外，项建标还是国内创业投资领域最大的自媒体"B座12楼"（以关注创业、投资咨询为主的微博平台）发起人。通过分享在投资一线的投资感悟（投资的企业主要包括51信用卡、小电科技、开始众筹、别样红、人人视频、亿欧网、袋鼠云等），"B座12楼"迅速凝聚了数以万计遍布全国的创业者粉丝。2014年，项建标与"B座12楼"其他两位运营者一起出版《互联网思维到底是什么》，通过30余个接地气的典型案例系统剖析了互联网思维与新商业模式，对投身互联网创新创业的创业者带来了知识的盛宴和思维的革命。

3.浙商创投合伙人及先文基金创始人李先文。2007年，李先文参与筹建浙商创投，从而成为浙商创投合伙人。浙商创投汇集了浙江省数十家知名企业、上百位浙商精英以及多家央企和著名金融机构，融合浙江本土充裕民营资本的巨大力量，重点投资大健康、新消费、高科技、新智造等领域，连续多年入选清科"中国创投机构50强"，并先后荣获"中国创投二十年创投机构20强""最具成长性创投机构""最佳创业投资团队""全国优秀创投机构杰出成就奖""VC竞争力10强"等多个国家级大奖。李先文曾主导投资华策影视，将其成功打造上市成为中国电视剧业务第一股，并参与投资中国最大的互动电视运营商华数传媒和多个业内知名项目，入选《创业邦》杂志评选的2014年20位40岁以下的明星风险投资人榜单。2017年，李先文创立先文基金，主要的投资方向为医疗健康、文创、大消费、新经济、新制造等领域。作为杭州市十佳创业导师，李先文多年的创投实战经验将给创业者的战略规划制定与商业模式优化设计提供重要的指导作用。

4.阿里巴巴集团阿里云事业部资深总监唐洪。在2010年底加入阿里巴巴阿里云之前，唐洪曾先后在硅谷的Ask.com（北美第四大搜索公司）做底层分布式系统、在雅虎做过大规模分布式计算系统Hadoop。凭借对大规模分布式计算系统技术的精通以及对硅谷创业的了解，唐洪助推阿里巴巴成为中国继谷歌、微软、亚马逊之后第一个独立研发拥有大规模通用计算平台的公司。作为创业导师，唐洪的硅谷经历和阿里云的飞天技术研发对互联网创业者的技术革新有很强的示范效应。

5.杭州炬华科技股份有限公司董事长兼总经理丁敏华。杭州炬华科技股份有限公司专门从事电能计量仪表和用电信息采集系统产品的研发、制造与销售，是国内电能计量仪表行业最具技术影响力和发展潜力的公司之一，连续三年被《福布斯》评为中国最具潜力企业之一，曾获《福布斯》最具潜力上市公司第35名。2014年8月，由于突出的企业经营业绩，丁敏华荣获"全国电子信息行业优秀创新企业家"荣誉称号。作为创业导师，丁敏华将自身多年的创业和企业经营成功经验传授给年轻的创业者，使其少走弯路，助力创业企业插上腾飞的翅膀。

第二节　梦想小镇创新创业资源集聚成因

创新资源具有逐利性，往往会流向能够实现其价值最大化的区域（李福 等，2018）。但是，创新资源集聚不仅仅是投入要素的简单加总，而且还包含创新资源的有效配置、整合和协同等（吴卫红 等，2017）。创新资源适度集聚可以产生强大的规模报酬递增效应，形成"1＋1>2"的效果，从而提升集聚区域的创新能力，最终促进该区域经济社会发展。那么，影响创新创业资源集聚的因素有哪些呢？陈菲琼等（2011）使用时间序列因子分析法，提取了浙江省创新资源集聚的主导因素，即为各创新主体的人力资源因子、物质资源因子（实际上是资金因子）和高校的科技研究因子。根据硅谷合资企业网络发布的《硅谷指数2010》，影响创新创业资源集聚硅谷的四个重要因素分别为全球链接能力、吸引人才能力、持续的技术进步和创新以及政府的作用。根据上述分析，并结合梦想小镇实践，本节将梦想小镇创新创业资源集聚的成因归纳为众创精神感召、龙头企业引领、创新研发驱动和风险投资活跃四个因素。

一、众创精神感召

众创精神是众创空间创业生态系统的文化精髓，是众创空间创业生态系统演化发展的内在动力（陈夙 等，2015）。众创精神本质上亦是创新范式的升级版，如果说创新源局限在企业内部的封闭式创新是企业创新的1.0阶段，那么广泛获取来自企业外部创新源的开放式创新是企业创新的2.0阶段，众创精神则是企业创新行为更加重视资源整合与共生发展的嵌入/共生式创新3.0阶段（蒋德嵩，2013；汪群，2016）。众创精神可以集聚创业者与创业资源，驱动创业者与创业资源的互动合作。

杭州未来科技城（海创园）创新创业氛围日益浓厚，双创环境的知名度和美誉度不断提升，主要的做法有[①]：1.坚持小镇月月办大赛、辖区季季有活动，举办各类高端峰会、论坛活动，营造创新创业氛围；2.出台双创系列大赛奖励办法和扶持政策，推动获奖项目落地孵化；3.举办各类文化交流活动，拉近与创业就业者的心理距离；4.主动宣传推广优秀企业和企业家，广泛接待各类来访考察和国内外媒体采访。

梦想小镇内部及周边公共创业配套设施不断完善，小镇先后举办各类活动1519场、参与人数20.5万人次，吸引了各国媒体争相报道，梦想小镇的创业氛围和品牌形象不断提升[②]。2019年6月，梦想小镇成为全国大众创业万众创新活动周主会场，再次成为全球焦点。梦想小镇"宜居、宜业、宜文、宜游"四宜兼具，是"在出世和入世之间自由徜徉"的理想创业空间。毫无疑问，在众创精神的感召下，创业资源蜂拥集聚梦想小镇就不足为奇了。

---

① 未来科技城（海创园）党工委、管委会.未来科技城（海创园）2018年工作总结和2019年工作思路.未来科技城（海创园）管委会内部资料，2019.
② 余杭区梦想小镇介绍材料.未来科技城（海创园）管委会内部资料，2019.

二、龙头企业引领

龙头企业是指那些在以中小企业为主的企业集群中，和其他中小企业相比，在产品研发设计、工艺开发、生产规模、市场营销等方面具有领先地位的少数企业（许庆瑞 等，2003）。一般而言，龙头企业是区域实力最强、辐射力最广、影响力最大的企业。龙头企业在产业集群中有明显的外溢效应，可以促进其他企业的规模和效益提升（张东彪，2015）。龙头企业在产业集群演进过程中，可以促进资源的共享、实现知识的转移和扩散、带动集群创新、树立集群品牌（贾生华 等，2007）。因此，龙头企业在产业集群中扮演着"磁铁"的角色，吸引着成批合作者和竞争者来到集群网络中（Porter，1998）。

阿里巴巴集团（以下简称阿里）是未来科技城（海创园）当之无愧的互联网龙头企业。阿里在技术创新、商业模式、企业经营管理等方面对其他企业存在知识溢出，同时，阿里也衍生出了众多新生企业。凭借阿里的品牌效应，吸引了大量的互联网创业者及其他相关创业主体集聚在阿里附近的梦想小镇。阿里的衍生企业邻近集聚与知识溢出的正外部性使得互联网企业和科技金融企业纷纷落户梦想小镇，促进了战略性和技术性知识溢出，提升了创业能力和创业绩效。此外，阿里为创业企业提供了5个创业服务支持平台，分别是阿里巴巴创业孵化平台、众筹平台（淘宝众筹、蚂蚁达客）、淘宝大学、阿里学院和阿里智能平台（王正沛等，2018），各平台服务内容见表4.2。

表4.2　阿里创业服务支持平台

服务平台	服务内容
阿里巴巴创业孵化平台	①阿里大学：技术培训课程、培训认证、人才市场
	②企业孵化：投融资对接；阿里巴巴创新工场、优客工场；淘富成真（与富士康合作提供生产设计服务）
	③云溪社区＋创业大学：创业交流与创业教育
	④合作与生态：蚂蚁金服开放合作、阿里云合作、企业小额贷款
	⑤创业服务（与第三方机构合作）：网站建设、人才招聘、客户关系管理等
	⑥活动大赛：全球创客大赛；大数据、云计算专家技术分享大会

续表

服务平台	服务内容
众筹平台	①淘宝众筹：免费的奖励众筹平台（融资服务） ②蚂蚁达客：股权众筹平台（融资服务）
淘宝大学平台	阿里巴巴旗下网络营销培训机构；专业、权威的电商知识库
阿里学院平台	网上学习平台和知识社区，包括创业和职场技能、TI技能等
阿里智能平台	智能产品、智能硬件模组、阿里智能云、阿里智能App

资料来源：王正沛，李国鑫.线上线下资源融合的新型创业生态系统研究 [J].管理学报，2018（6）：803-813.

三、创新研发驱动

如前所述，创新活动对人才、资金、技术、信息、文化环境等资源要素非常敏感，创新活动往往天然具有集聚性。创新集聚的空间分布主要受创新研发投入和创新环境两类因素的影响，其中企业、大学与研发机构的研发投入是影响区域创新产出的重要因素（孙瑜康 等，2017），研发投入也是高新技术产业集聚发展的重要影响因素（王鹏 等，2019）。事实上，有些创新资源之间本身相互影响，比如，研发活动、科学文化土壤与高端科技人才集聚具有很强的相关性（韩联郡 等，2018）。王成军（2009）以陕西省高学历人才存量及流动状况调查为例，发现影响高学历科技人才流动的最主要原因是事业成就动机而非经济因素，崔炤琨等（2014）对北京"海聚创业人才"进行了调查研究，发现"高校或科研机构的研发资源"才是吸引"海聚创业人才"来京创业的最重要因素。

此外，地区的科技服务水平、产业多样化程度、市场环境、文化氛围等创新环境因素也对一个区域的创新集聚有重要影响（孙瑜康 等，2017）。Tallman等（2004）提出，企业更愿意把生产地点设在有良好创新环境或邻近良好创新环境的区域，如邻近多样化的中介服务、专业化的基础设施、高水平的大学和科研院所，以便能快速地享受创新的溢出效应，以降低创新成本，提升创新能力和效率。

未来科技城（海创园）已吸引之江实验室、阿里-浙大前沿技术研究中心、百度（杭州）创新中心、中乌人工智能产业中心等17个高端研发机构落户，其辖下的南湖达摩小镇建有阿里达摩院，梦想小镇建有湖畔大学和浙江大学校友企业总部经济园，梦想小镇邻近有浙江大学和阿里巴巴集团，该区域强大的研发投入和良好的创业环境自然吸引着创新创业资源的集聚。

四、风险投资活跃

近年来，我国互联网创业方兴未艾。互联网创业是科技创业，也是知识创业，有形资产较少，融资较为困难。互联网创业模式主要有电子商务模式、"互联网＋传统产业"模式（包括"互联网＋零售"模式、"互联网＋金融"模式、"互联网＋旅游"模式）和基于物联网技术的创业模式（包括智能终端服务模式、云聚合模式、智慧物联网模式）（汪连杰，2016）。结合交易费用理论，互联网创业有以下特点（邹宝玲等，2016）：1.互联网资产专用性程度相对较低，创业门槛相对较低。一方面，一般大众能够依靠自身能力或者进行资源整合参与到互联网创业当中；另一方面，万一创业失败，创业者也不会遇到太多的退出壁垒，因此，创业进退相对容易可以提高大众互联网创业的积极性。2.互联网创业的不确定性相对偏低，创业执行监管成本相对较低。依托于互联网大数据技术，对市场发展行情以及未来做出正确预测有可能成为现实，因而市场不确定性比较小，在交易中的信息不对称的程度相对较低。3.互联网交易频率高，有利于信息共享与资源整合。基于互联网平台的资源整合不受时空限制的交易模式，使得整个互联网运作平台更容易实现范围经济。

风险投资是高新技术产业化的"催化剂"和经济增长的"发动机"，本身具有明显的地域集聚现象（张玉华，2014）。同时，风险投资与高新技术产业集群正向外部性和规模经济的扩大、交易成本的控制、风险分担互动发展（张方方等，2009）。特别是风险投资与快速成长、迭代创新的互联网产业相互吸引，风险投资正成为互联网创业活动最重要的融资渠道；同时，风险资本具有较高的流动性和对互联网创业的偏好，使得互联网创业活动活跃的区域往往成为风险投资集中的地区（黄筱彧 等，2018）。梦想小镇根据其独特的优势定位于互联网创业和科技金融的发展，风险投资活动十分活跃。如前所述，梦想小镇吸引了诸如浙商成长基金、物产基金、龙旗科技、海邦基金、暾澜基金等一大批私募股权、风险投资、天使投资机构，这些资本的集聚大大助推互联网创业和科技金融的发展，同时又引发了其他创新资源的进一步集聚。

第三节 梦想小镇创新创业资源集聚的举措和经验

一、营造最宜创新创业的营商环境

梦想小镇根据互联网创业企业和科技金融企业的特点和需求，借助大数据分析等先进的管理方法，深入践行"最多跑一次"改革，转变管理方式，努力营造活力四射的创新创业环境。梦想小镇坚持"我负责阳光雨露，你负责茁壮成长"的经营宗旨，主要举措有[①]：1.降低创业成本。梦想小镇统一实施创业空间室内装修，配备办公家具和高速网络基础设施，创业者可以拎包入驻办公。同时，梦想小镇减免初创企业的场租、物业等费用，最大限度降低创业成本。2.提升服务效能。梦想小镇开发云服务平台，实施服务项目和服务窗口"线上化"，创建服务型政府管理机构，努力提升服务效能和用户体验。3.推进商事制度改革。梦想小镇开通工商核名自助查询终端，对需要省市审批的企业实行"就地受理、网络审核、就地发照"，从而最大限度降低创业门槛。

未来科技城管委会为了营造舒适的创业环境，从三个方面做了努力。一是未来科技城管委会（也是梦想小镇的统一管委会）提升服务意识，增加政务服务方式，借力"O2O"云服务平台，提供线上服务项目和服务窗口，从而提升服务效率和用户满意度。二是未来科技城管委会加快

---

① 余杭区梦想小镇介绍材料.未来科技城（海创园）管委会内部资料，2019.

引进中介服务机构、科技服务机构，推广政府购买服务方式，整合市场资源，做好企业服务。同时探索创新，加强对园区运营主体的引导和培育工作，使其成为园区自我管理、自我服务的自治主体，形成一批"经济村"，构筑起"政府－科创园区－中小企业"的服务方式。三是未来科技城管委会开通工商核名自助查询终端，对需要省市审批的企业实行"就地受理、网络审核、就地发照"，实现"最多跑一次"。

二、打造形态完备的创业社区

梦想小镇遵循"三生融合、四宜兼具"（先生态、再生活、后生产；宜居、宜业、宜文、宜游）的理念开发建设。在开发建设中充分保护优美的自然生态和厚重的历史遗存，一方面对文化底蕴进行深入挖掘，另一方面对存量空间按照互联网办公要求进行改造提升。同时，借助浙江大学和阿里资源，吸引众多创新创业资源集聚梦想小镇，为创业者量身打造了宜居宜业、高效便捷、充满激情的创业社区。

小镇通过搭建创业咖啡、论坛沙龙、"YOU＋"公寓等社交平台，将创业者从分散的隔离办公转向极速分享的大社区，促进信息交流和思维碰撞，提升创业效率。此外，梦想小镇与邻近的浙江大学和阿里集团、之江实验室、阿里－浙大前沿技术研究中心、百度（杭州）创新中心、中乌人工智能产业中心等构建了众创空间战略联盟，借助联盟网络拓宽了众创空间的辐射边界，从而便于吸引更多的创新创业资源。同时，梦想小镇通过众创空间创业家联盟向入孵企业注入战略性创业知识，每月举办创业导师与创业者的互动交流会，发挥创业导师对创业者的战略指导、创业知识教育、创业经验分享与创业激励功能。

三、搭建公共技术和服务平台

为更好地吸引创新创业资源的涌入，梦想小镇搭建了如下公共技术和服务平台：1.公共技术平台。梦想小镇不仅引进了科技文献查询系统和世界专利信息服务平台，集中购买了服务器和基础软件，还购买了阿里云服务，对所有创业者免费开放使用。同时，梦想小镇依托浙江大学，为梦想小镇创业企业提供浙大实验室等技术平台，并在健康医疗领域开展深入合作。2.招商服务平台。互联网产业是梦想小镇招商引资的核心，创客入驻梦想小镇可以有三种渠道，即参加创业先锋营大赛（前三名可以获得"金钥匙"奖）、优质项目评审（需经第三方审计）和孵化器引入（入驻孵化器）。在入驻过程中，未来科技城（海创园）管委会通过简化行政审批流程，加快政策兑现速度，努力为创业企业提供优质的服务和一流的创新创业环境。3.人才服务平台。未来科技城（海创园）强化高端人才培育，以分类服务为原则，加强人才导航、人才专访、项目申报辅导等工作，鼓励引导人才申报各类项目计划。梦想小镇以创业先锋营大赛和优质项目评审为主抓手，同时出台《梦想小镇互联网创业企业人才租房补助》《天使村入驻企业扶持政策　金融人才房补助》等优惠政策，吸引优秀创业人才入驻梦想小镇。4.融资平台。如前所述，梦想小镇在建设之初，省市区各级政府给予了众多资金上的扶持，成立了众多政府基金，比如有5000万元的天使梦想基金、1亿元的天使引导基金、2亿元的创业引导基金、8亿元的风险池信贷规模、20亿元的信息产业基金。此外，还吸引了浙商成长基金、物产基金、龙旗科技、海邦基金、暾澜基金等一大批私募股权、风险投资、天使投资机构会聚梦想小镇，为创业企业运营提供充足的"血液"。

四、整合利用知识型中介服务资源

创新创业能力受知识驱动，创业过程中所需的知识既包括可以用文字编码的显性知识，又包括只可意会不可言传的缄默知识。因此，整合内外部的创业知识资源，借助知识型中介服务资源，对新创企业实现创新创业可谓至关重要。知识型中介是指，将知识拥有方的知识资源转化为接受方的知识，实现知识传播扩散。援助知识利用和创造的中介机构，一般包括咨询机构、知识产权事务所、协助研发的科技孵化器和共同研发中心以及诸如图书馆、情报所之类的各种信息服务机构等。这些知识型中介提供技术预见和诊断、技术扫描和信息加工、识别技术的商业机会、援助知识搜索、知识获取、知识集成和利用、参与技术开发、提供管理咨询等各项服务，在创业过程中起着知识"守门员"、知识经纪人、顾问、"媒婆"等功能角色（李文鹣 等，2017）。

梦想小镇积极引进包括财务、法务、税务、人力资源、知识产权、商标代理、科技申报、标准化服务、广告传媒等各类中介服务机构22家，将它们组成"服务超市"，同时面向初创企业发放"创新券"，鼓励初创企业到"服务超市"购买中介服务。这些知识型中介服务机构主要为新创企业提供相关创业知识和创业服务，支持创业企业将知识资源整合利用，以降低创业成本，提升创业企业的创业能力和创业成功率。

第五章

梦想小镇特色与优势（三）：
创新创业支撑体系

创新创业型特色小镇要实现高端产业集聚和发展，集聚创新创业要素促进企业成长，需要小镇为创新创业者提供全方位的服务，以帮助创新创业者致力于创新创业活动。因为对于创新创业者而言，除了其进行创新创业活动环节本身外，创新创业者还有学习、社交、生活等基本需求。因此只有能够为创新创业者提供全方位的服务，才能使其致力于创新创业活动本身，提升创新创业的成功率。

第一节　梦想小镇创新创业支撑体系的构成

一、创新创业支撑体系的内涵

2014年9月，李克强总理在夏季达沃斯论坛上提出，要在960万平方公里土地上掀起"大众创业""草根创业"的新浪潮，由此产生了"大众创业、万众创新"的双创战略。2017年，国务院印发了《关于强化实施创新驱动发展战略进一步推进大众创业万众创新深入发展的意见》，明确提出"大众创业、万众创新"是实施创新驱动发展战略的途径。2018年9月18日，国务院下发《关于推动创新创业高质量发展打造"双创"升级版的意见》，进一步明确了"双创"发展战略。2019年6月13日至18日在梦想小镇举行的2019年全国大众创业万众创新活动周上，李克强总理出席并发表重要讲话，进一步凸显了"双创"战略不断推进的必要性。在"大众创业、万众创新"的推进过程中，地方政府已全面认识到"大众创业、万众创新"战略有效实施和推进，需要有人才创新创业的载体和平台，需要为那些创业者提供全方位的服务。梦想小镇正是这样一个载体和平台，通过融合产业、文化、旅游、社区等功能，聚焦于前沿产业，促进创新创业要素集聚，为创新创业主体提供全方位的服务，成为一个社区化的新型创新创业发展平台。创新创业型特色小镇需要聚焦前沿产业，促进创新创业资源的集聚，而要使创新创业要素集聚并聚焦前沿产业，需要一个融合政府、市场和社会力量支撑创新创业活动的体系，即创新创业全服务体系。

以往的产业园区、科技园区等创新创业载体或平台更多关注创新创业工作环节，而对创新创业者的学习、社交、生活需求的关注度不够。作为特色小镇的梦想小镇，通过集聚创新创业要素和构建创新创业服务体系，不仅满足了创新创业者在创新创业工作环节方面的需求，也为创新创业者提供了学习、社交、生活等全方位服务。

创新创业主体在进行创新创业活动及其后面的产业化过程中，除了创新创业主体从事创新创业及商业化工作外，创新创业者还会有学习、社交、生活等需求（叶振宇 等，2019）。特色小镇通过形成一个相对集中的空间使创新创业者有更多的机会获取和分享专业信息，获得学习机会，进而提升其创新创业能力。同时，特色小镇也通过社区化的服务，为创新创业主体提供了优质交流空间和社交场所，可以让创新创业主体在特色小镇这个平台上进行社交活动，分享经验，进而也可以促进创意、知识、信息等无形资源的交换和共享。特色小镇的产城融合也为创新创业主体提供了近距离的商业与生活衔接，降低了创业难度和生活成本，也消除了工作与生活之间的通勤痛点和拥堵烦恼，使其可以全身心地投入到创业创新的事业之中。

产业园区和科技园区由政府通过行政手段设立，建设和运营资金主要由政府提供，每个园区都有相应的行政级别。特色小镇"非镇非区"，按照制度设计，特色小镇的建设运营主体是企业，实行"政府引导，企业主体、市场化运作"的运作机制（马斌，2016），因此小镇没有行政级别，后续的运行需要小镇通过市场化运作来维持。

基于上述分析，创新创业型特色小镇的创新创业全服务体系包括促进创新创业要素集聚的基础设施、解决创新创业主体后顾之忧的创业服务和维持创新创业全服务的小镇运营管理（图5.1）。

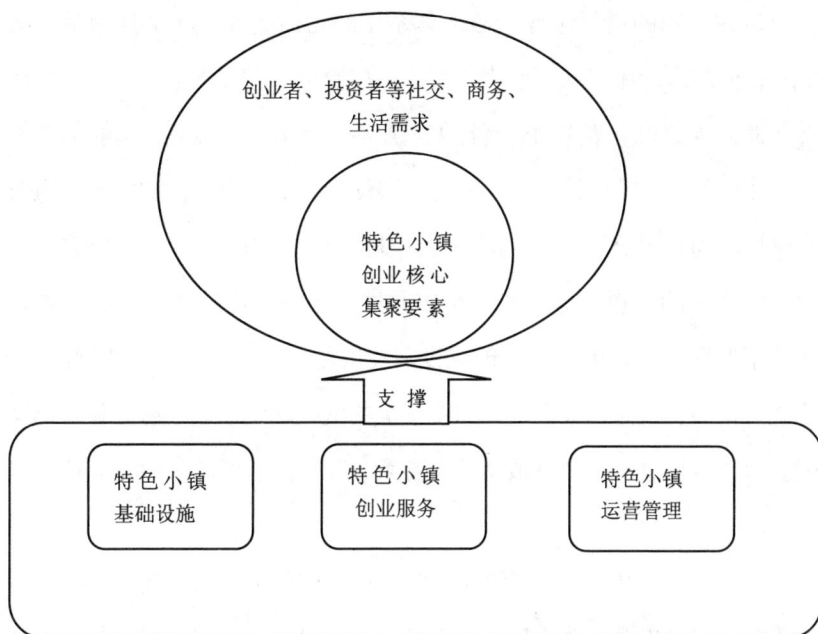

图 5.1 杭州梦想小镇创业支撑体系

二、创新创业支撑体系的组成

梦想小镇的创新创业支撑体系是按照"政府引导、企业主体、市场化运作"的原则构建的，完全采用"小政府大市场"的模式运营（郁建兴 等，2017），这种模式区别于原有政府主导型的科技园区、产业园区、开发区模式。政府主导型的产业园区、科技园区、开发区，其管委会往往具有行政级别，管委会从产业园区、科技园区、开发区的各个环节，如产业发展、企业招商、园区基础设施建设管理运营、园区日常运行等方面直接介入，或者利用政府设立的开发区投资公司平台进行强势规划干预，使得政府边界大大扩展，市场边界大大缩小，市场的主体作用难以发挥，最终导致行政权力扩张和市场机制僵化，问题频出（郁建兴 等，2017）。梦想小镇则是一个"非镇非区"的平台，其主管部门杭州市未来科技城（海创园）管委会通过"小政府大市场"的模式为入驻梦想小镇的创业者提供全方位的创新创业公共服务，构建企业和市场占主导地位的创新创业全服务支撑体系。

梦想小镇的创新创业全服务体系用一句话概况，就是梦想小镇虽"小"，但却是一座创新创业者集聚的微型城市。它有别于以往的传统经济开发区，梦想小镇为创业者提供创业活动所需基础设施，创业活动所需创业服务等。基础设施包括商务办公配套、交通配套，加之所在的未来科技城为其提供的学校、医院等，梦想小镇成为了"宜居、宜游、宜业、宜文"的特色小镇。梦想小镇通过打造便利化的创业社区，先后建成了互联网村、天使村、创业集市及创业大街，配强了万兆进区域、千兆进楼宇、百兆到桌面、WiFi全覆盖的网络基础设施，居住和商业等配套也同步推进。一个低成本、全要素、开放式、便利化的创业社区基本建成。

此外，小镇内的古街有880多年历史，保留了章太炎故居、四无粮仓等文保单位以及一大批古建筑，生态环境良好、自然景观质朴，可以说，特色小镇和众创空间的出现，为古街提供了除纯旅游开发、工业化带动和房地产驱动之外的另一条城镇化路径。小镇在开发中对自然生态和历史遗迹进行充分保护，对文化底蕴进行深入挖掘，按照互联网办公要求对存量空间进行改造提升，从而推动文化、旅游、产业功能的有机叠加、共生共融，使创业者一方面坐拥城市配套、创业无忧，另一方面尽享田园气息、回归自然，小镇是田园城市的新典范。为了能兼顾创业者工作、生活、商务的需求，小镇打造了形态完备的创业社区，统筹布局各功能区块，引进各类配套项目，为创业者量身打造宜居宜业、高效便捷的创新创业生态圈。

众多不同定位的特色创业餐厅建成运行，创意茶馆、创客健身馆、银行网点投入使用。"YOU＋"公寓正式开业并深受创客欢迎。梦想小镇还为创业者提供大量的创业服务，包括安排办公场地、开展创业培训、联系创业导师、指导政策申报、协办企业注册、促进"资智"对接、推荐孵化平台和主力宣传推广各个方面，提供公共技术支持，组织创业活动，未来科技城管委会将工商、税务等部门集中办公，同时引进财务、法务、人事代理、知识产权等各类中介机构，打造"政务大厅＋服务超市"式的创业服务中心，并通过提供"店小二"式的服务让创业者在梦想小镇创业变得简单，让创业不再孤单。

第二节　梦想小镇创新创业支撑体系之基础设施

一、基础设施的结构

梦想小镇是一个为创业者提供创业活动、社交活动和生活三者合一的创新创业型特色小镇。特色小镇能够集聚创新创业要素，促进互联网产业的发展，需要能够支撑创业者在梦想小镇进行创业活动、社交活动和生活的基础设施。基础设施这一概念在不同视角会有不同理解，至今仍然存在较大的分歧，本书中的基础设施是指梦想小镇创业者进行创业活动、社交活动和生活所必须具备的硬件基础设施和社会性基础设施（详见图5.2）。

特色小镇是我国社会经济发展、产业升级发展的一种新型平台，是一个"三生融合"之地，小镇基础设施是特色小镇赖以生存和发展的基础。特色小镇的基础设施作为小镇生产、生活的基本条件，是特色小镇不可或缺的一部分，它为入驻特色小镇的所有企业、创业者以及相关组织提供了经济活动和各种社会活动所必需的空间，提升了开展经济活动和社会活动的便利度。完整、完善的基础设施已经成为特色小镇的必备条件之一，现代化、网络化、智能化的基础设施则是创新创业型特色小镇的基础条件之一。现代化、网络化、智能化的基础设施可以为特色小镇集聚创新创业要素提供支撑，可以让人流、物流、信息、知识能够便利化的传导，把特色小镇内的上述要素在地理空间和网络空间中紧密结合在一起，从而产生极大的集聚效应。如果特色小镇的基础设施达不到现代化、网络化、智能化的标准，则将导致创新创业人流、物流、信息、知识传导受阻，创业者之间的学习、交流就会受限，进而导致特色

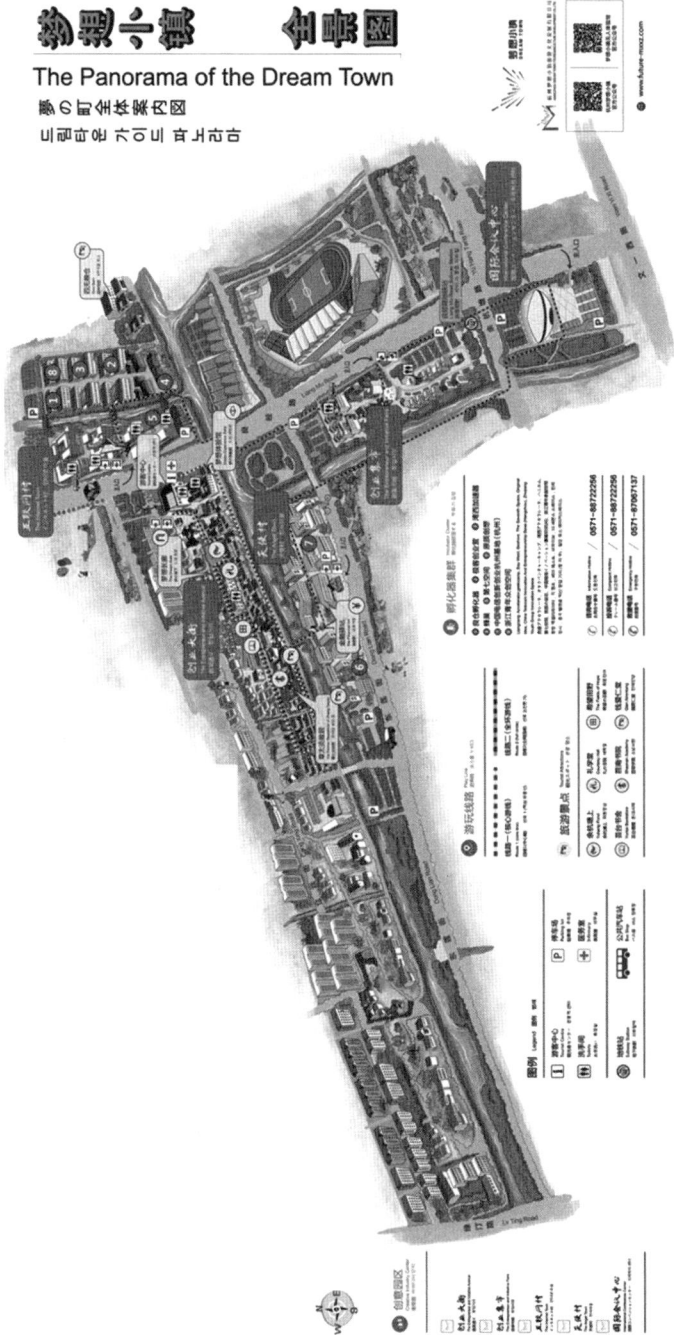

图 5.2 梦想小镇基础设施建设分布

小镇的可持续发展受阻。可以说现代化、网络化、智能化的基础设施是特色小镇竞争力的组成要素之一，特色小镇的基础设施状况直接构成其创新创业活动的硬环境，是创新创业者是否入驻的一个重要因素。完善的、优越的基础设施在降低创业成本外，也可以使创新创业者降低社会活动和生活成本，如医院、学校、商业配套等可以让创新创业者的生活更加便捷而使其有更多时间和精力投入到创新创业活动中，进而吸引更多更好的创新创业者集聚于此。

但是，在3平方公里的特色小镇中，要建立一个完整、完善的基础设施，对小镇而言，在空间、人力、物力、资金等方面都存在重大困难，因此大部分特色小镇的社会性基础设施建设都相对欠缺，需要依靠邻近的城市或者行政建制镇。特色小镇与邻近城市或行政建制镇共用医院、学校、商业配套等社会性基础设施，会使得小镇创新创业者的生活便捷度大大降低，其主要原因是地理距离远，以及原有城镇中的社会性基础设施本来就相对稀缺。而梦想小镇的地理位置有其特殊性，它是在杭州未来科技城内发展起来的，隶属于未来科技城管委会，因此未来科技城在社会性基础设施建设方面的成果完全可以被梦想小镇共享，未来科技城社会性基础设施在空间距离、设施服务容量等方面完全可以为梦想小镇的创新创业者提供便利、便捷、优质的服务。因此，梦想小镇便拥有了完整、完善的支撑创新创业活动的基础设施。

梦想小镇基础设施为特色小镇创业活动和创业者的生活提供相应的服务，是梦想小镇创业者和创业活动能在特色小镇持续开展的重要基础，是梦想小镇发展必不可少的一个重要支撑系统。梦想小镇的硬件基础设施包括办公设施、交通设施、网络设施等；社会性基础设施包括商业配套、教育、医疗卫生、文化娱乐等。

二、基础设施的组成

梦想小镇基础设施建设的特征可以用"一环两区"来概括。"一环"指的是一条希望田野环，展开荷兰NITA设计集团设计的梦想小镇规划图，整个小镇被一个基本呈环形的稻田地带围绕，和既有的有湿地味道的天然池塘、水面一起，成为一条真正的田园生态带。远眺梦想小镇的建筑，呈现的是"种"在金黄稻菽中的视觉效应。"两区"是指绿色办公区和绿色生活区，这两个区域的主要特点是将绿化嵌入建筑物中，如在绿色办公区中，办公楼采用塔楼结构，将建筑物底部架空，进行绿化，为工作人员提供更健康的休息空间，并且减少热岛效应等城市环境问题（图5.3）。

图 5.3 梦想小镇舒适的生态办公环境

梦想小镇基础设施建设以融合创业、生活、社交三位一体为目标，打造互联网村、天使村、创业集市、创业大街等物理空间，为创业企业、金融服务企业提供场所，同时梦想小镇近三分之一的物理空间用于生活服务配套，重点打造众筹书吧、咖啡店、创客集市等公共空间，串联工作空间，为创业者之间、创业者和投资人之间、创业者和传统企业家之间开展信息、知识、创意交流等社交、生活提供服务（徐梦周 等，2016）。

（一）舒适的办公设施

梦想小镇为入驻的创新创业者和企业提供完备的工作场所，装修、家居全部到位。信息时代，网络作为基础设施之一，小镇为办公空间提供了万兆进区域、千兆进楼宇、百兆到桌面、WiFi全覆盖的网络设施。梦想小镇为入驻小镇的创新创业者提供的网络完全免费，且公共服务器、基础软件、开发者平台，一应俱全，使入驻的创新创业者进则坐拥现代化、智能化、网络化城市配套，出则尽享充满生活氛围的田园化气息，拥有舒适的生态办公环境。

杭州讯点科技有限公司CEO茹方军是第一批拿到金钥匙、入驻梦想小镇的创客之一，吸引其入驻梦想小镇的头一条就是"网速快到令人身心愉悦"。梦想小镇有着全杭州最快速的宽带和无线，小镇的任何一个角落，网络都是极速体验。有人在剖析纽约附近的格林威治为何如此受对冲基金公司青睐时发现，邻近海底光缆、网速极快竟成为其管理1500亿美元的先决条件。照此逻辑，对一个力图吸引上万互联网创客的小镇而言，以网络条件作为基础，比在任何时候都能显出其重要性。梦想小镇运营方通过整合政府、企业、市场、投资机构等各方资源，重点打造共享共治的云服务平台，进而实现了全方位的商业和物业线上云服务，工商注册、项目申报、政策兑现等政务云服务，构建了财务、法务、人力资源等中介资源集聚的云服务平台，以O2O方式建立创客募化平台的云软件开发平台，提供云主机、云储存、云协同、云视频会议、云应用商城、云实验室等服务，配备开源软件等基础技术支持（徐梦周 等，2016）。

此外，在未来科技城这样一个有众多利好集聚的板块，同样也吸引了无数房地产开发商的目光，许多房地产开发商为到梦想小镇、未来科技城创新创业的人才提供丰富的生活用房。这里的房地产价值还将不断成长，似乎是一个大家心照不宣的判断。2017年的数场土地出让都引来各路房地产开发商竞相追逐，绿汀路就像一座连接商、住的桥梁，由北往南穿过文一西路和文二西路，串起两端的商务研发区和居住核心区，然后拐个弯向东延伸，一直到荆长大道。

（二）便利的交通

梦想小镇为创新创业者提供了便利的交通设施。杭州地铁 5 号线开通，在梦想小镇设有出入口（图5.4）。地铁 5 号线首通段开通，对于梦想小镇的创客们来说，无疑是一个极大的福利，为在未来科技城工作的人省下了不少时间，大大降低了通勤成本。地铁 5 号线是一条串联起余杭、西湖、拱墅、下城、上城、滨江、萧山七城区并连接杭临、杭绍两条城际铁路的轨道交通大动脉。此外，地铁 5 号线在主城区分布了 19 个站点，其中 16 个是换乘站，几乎可以和所有的杭州地铁线路换乘，堪称杭州地铁"换乘之王"。同时，地铁站内配套设施齐全，清晰准确的导示系统方便乘客购票乘车，随处可见的中英文双语语音、文字信息提示可以帮助不同国家的乘客顺利乘坐地铁。此外，杭州的城市中轴快线正式提上日程，西起杭州西站片区，连接火车东站，东至萧山机场片区；同时，文一路（紫金港立交—荆长大道）提升改造工程已在 2019 年底完工，总长 4.06 公里，梦想小镇还有各条公交线路不断得到加密和延伸，杭州萧山国际机场海创园航站楼正式启用，小镇内部及周边公共配套得到了不断完善。

图 5.4　杭州地铁 5 号线梦想小镇站出入口

（三）完善的社会性基础设施

梦想小镇还有完善的社会性基础设施。首先是莱茵体育（闲林港）城市体育服务综合体（图5.5），地处杭州未来科技城板块，东接主城区，毗邻西溪国家湿地公园、阿里巴巴西溪园区（淘宝城）、杭州梦想小镇和各商圈，能够满足周边群体的需求。根据规划，该项目总用地面积约12540平方米，将打造成集体育场馆设施、体育休闲、运动健康、休闲社交于一体的城市体育服务综合体，在辐射周边区域的同时，为杭州市亚运时代城市体育服务设施的建设布局起到良好的示范及带动作用。项目建成后，将成为区域内标志性的体育综合体项目。项目定位为全民健身休闲体育中心，项目在业态规划上将有健身俱乐部、恒温泳池、室内篮球馆、羽毛球馆、网球馆、室内旱雪场等体育场地，以及青少年体育教育培训中心，适当的健康餐、高尔夫产品展览等休闲项目，将极大地丰富板块内人群的体育休闲娱乐生活。

图 5.5　莱茵体育城市体育服务综合体

随着人才和企业的快速集聚，随之而来的创新创业者、企业员工子女的入学问题成为影响人才创新创业的因素之一，尤其是在中国传统文化和子女教育在当代受到家长高度重视的背景下，能够为人才子女提供优质教育资源已是影响人才创新创业的重要因素之一。可以通过解决落户未来科技城的方法解决高层次人才子女就学的问题，从而使未来科技城、梦想小镇更具活力。在梦想小镇所在的未来科技城，现已建设（含迁建）完成和正在建设中的幼儿园、小学、初中共8所。杭州未来科技城不仅在提升学校的数量上努力，而且还在教育设施、教育理念上去创新。杭州未来科技城管委会努力打造突破固有观念、真正接轨国际先进教学理念的一站式校园；注重细节，一切围绕孩子，打造属于孩子的人性化校园；注重感知体验、体现童真童趣的高情感校园；注重绿色生态，打造坐落在风景中的"低碳"校园。正是在这样的理念驱动下，位于杭州未来科技城的海曙小学在素有建筑界"奥斯卡奖"之称的"ArchitizerA＋Awards"大赛中获得了小学和高中类别的大众评审奖（图5.6）。此外，在教育方面，随着人大附中杭州学校正式揭牌，未来科技城内已有人大附中杭州学校、杭州文澜未来科技城学校等教育机构。根据规划，三年内还将开工建设幼儿园5所、小学3所、初中3所。

图 5.6　杭州未来科技城的海曙小学

为了给杭州未来科技城（海创园）提供高水平的配套医疗服务，经余杭区政府、杭州未来科技城管委会与浙江大学医学院附属第一医院商议和衔接，位于文一西路与绿汀路交叉口的浙大一院余杭院区项目经过近三年的施工，于2018年1月上旬全面结顶，并于2019年上半年竣工验收（图5.7），惠及了未来科技城及城西主城区的居民。该项目作为海创园配套服务项目，由浙医一院按照三级甲等医院的标准设计，同时负责建设、运营和管理工作。

图 5.7　浙大一院未来科技城院区规划图和海创园门诊部

医院在规划建设上坚持"高标准、人性化、生态化"的绿色医院建设原则，采取"一次规划、分期建设、预留发展"的模式分两期实施，其中一期建设用地202亩，设床位1200张，含有医疗功能单元、医技功能单元、科研教学中心、临床技能培训中心及住院医生规范化培训中心、运行保障用房等，总建筑面积为20万平方米，地面及地下停车位不少于2000个。二期项目以满足群众日益增长的健康保健、康复疗养、老年护理等需求为主，规划建设保健康复、老年护理、国际旅游医疗中心等特需医疗与保健服务项目。

浙医一院余杭院区将建立符合国际标准的各种质量监控体系，对医疗质量进行管理，以满足医疗中心高效运转和协调可持续发展的需要。浙医一院余杭院区实行中英文双语工作制度，同时结合浙江海外高层次人才创新园的人群特点，在保证基本医疗的同时，拓展医疗保险国际结算业务，注重高端优质特需医疗服务，为境内外高端人士提供集医疗、康复、美容、保健为一体的高品质、国际化医疗保健服务，高层次人才可以足不出园就享受到同等的医疗服务。

商业配套设施是特色小镇发展必不可少的社会性基础设施之一，完善成熟的商业配套设施为入驻梦想小镇的创新创业者提供高质量的商业服务，使创新创业主体可以缩短出行距离，甚至在足不出户的情况下就能够实现商业与生活衔接，降低生活成本，使创新创业主体更加全身心地投入到创新创业活动中。杭州梦想小镇占地约3平方公里，商业配套面积3.6万平方米，众多不同定位的特色创业餐厅建成运行，创意茶馆、创客健身馆、银行网点都已投入使用，其所在的杭州未来科技城有已建成和在建的多个商务区（图5.8），完全满足了小镇创新创业者的商务需求。

图5.8　梦想小镇购物中心

完善的基础设施为梦想小镇成为创业、生活、社交融合的创业高地提供了基础，也为特色小镇融合产业、文化、旅游、社区等多种功能提供了基础。

第三节　梦想小镇支撑体系之创新创业服务

一、打造"政务大厅＋服务超市"的创新创业服务模式

创业者的创业活动要取得成功，既涉及获得公共技术支撑创新、企业注册、寻找资本对接等环节，也包括创业者之间知识共享交流、创业氛围的营造等。梦想小镇通过构建创业服务体系为创业者提供各类能降低创业的成本，如提供财务、法律、技术服务、政务等创业企业共性需求服务，大幅降低了创业活动各类成本。除此之外，创业要取得成功，需要该地区具有浓厚的创业氛围和方便的帮扶体系。梦想小镇为创业者提供办公空间和商业配套设施外，还为创业者提供创业辅导、社交活动、

创新转化、工商服务、"资智"对接等创业服务。在创业辅导方面，梦想小镇为创业者开展创业培训、联系创业导师、组织创业活动等。在创业者社交活动方面，梦想小镇为创业者开设创业论坛、创业沙龙、创客音乐会、创客邻里节、小镇夜跑嘉年华等活动（图5.9）。

图 5.9　梦想小镇之创业社交活动

在创新转化方面，梦想小镇为创业者推荐孵化平台，助力宣传推广等；在工商服务方面，小镇的工商、税务等部门集中办公，同时引进财务、法务、人事代理、知识产权等中介机构，打造"政务大厅＋服务超市"模式（图5.10）。

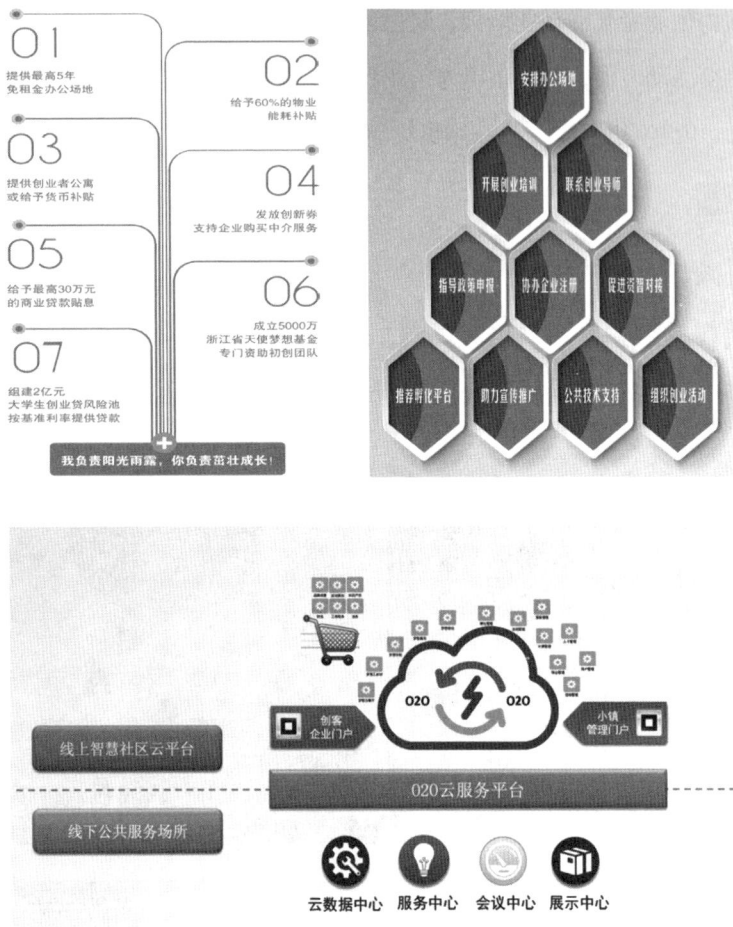

图 5.10　梦想小镇之"政务大厅＋服务超市"模式

梦想小镇为了给创业者提供好的创业服务，在功能区块划分上，小镇按照"1/3办公、1/3商业、1/3公共空间"的总体布局进行规划，采用大开间办公，刻意打破行业间、企业间和企业内的各种物理边界，并留白了部分配套空间。良仓孵化器、马达加加、浙大校友会孵化器、极客创业营、第七空间、众创空间和湾西加速器等孵化器在此集聚，与基金公司、导师等一起为创业项目提供沙龙培训、实战集训、投资对接、市场推广、技术支持、战略指导等全链条服务①。

①　小镇解码http://www.sohu.com/a/197775287_100014414.

梦想小镇为了更好地为创业者提供创业服务，开始聚焦大学生互联网创业项目，同时较宽松地界定大学生创业主体。梦想小镇规定，全日制普通高校在校及毕业后10年内的大学生（具有硕士及以上学位的人员不受毕业年限限制），以本人名义在梦想小镇创办符合产业定位的企业，且符合以下条件之一，即可入驻：一是大学生创办的，由大学生担任该企业法定代表人，且出资总额不低于注册资本的30%；创业团队为主体的，团队成员出资总额不低于注册资本的30%，其中担任法定代表人的成员出资额占团队成员出资总额的50%。二是大学本科及以上学历者占员工总数的70%以上。三是所开展的项目在各类创新创业大赛获奖或已获得股权投资机构投资。四是特别优秀的项目一事一议。在创业企业处于苗圃阶段，梦想小镇通过集训营的公开选拔或创投推荐，给予入圃企业3～6个月的零成本孵化期，有免费办公空间和基本设施设备；进入孵化器阶段，企业享受大学生创业的各种政策；在加速器阶段，创业项目享受管委会的企业跟踪式定制服务，直至上市。

二、创新创业服务的具体措施

梦想小镇为创业者提供的创业服务具体可以分为以下几种：

（一）提供公共技术平台

梦想小镇为使创业者更好地进行创新，为创业者开发了小镇公共技术平台。首先，梦想小镇引进科技文献查询系统和世界专利信息服务平台，集中购买服务器和基础软件，向阿里购买云服务，对创客免费开放，使创客可以快速免费地获得全球文献资源和创新所需的知识和技术信息。其次，小镇与浙江大学结成全方位战略合作伙伴关系，浙江大学向创业者全面开放浙大实验室和技术平台，并在共建健康医疗公共技术平台领域展开深入合作。

（二）提供工商服务

梦想小镇运营方整合利用市场资源，积极引进财务、法务、人力资源、知识产权、商标代理等各类中介服务机构，组成"服务超市"，形成中介服务机构的竞争机制，让创业企业依据市场原则自主选择中介服务机构。同时，梦想小镇面向初创企业发放"创新券"，支持企业购买中介服务。如前所述，目前梦想小镇入驻创新服务机构22家，其中财务类服务机构6家，法务类服务机构5家，税务类服务机构3家，知识产权申报类服务机构3家，科技申报类服务机构2家，人力资源类服务机构1家，标准化类服务机构1家，广告传媒类服务机构1家。梦想小镇还聘请大公司、高校的专业人士、教授为创业企业开展财务、知识产权等相关主题的讲座与培训，帮助创业企业提升规范水平和安全性。

（三）促进创业者与投资方的对接

梦想小镇推出三项措施促进创业者与投资方对接。一是成立政府天使基金。在省市区扶持下，梦想小镇管委会（杭州未来科技城管委会）设立了5000万元天使梦想基金、1亿元天使引导基金、2亿元创业引导基金、2亿元创业贷风险池、20亿元信息产业基金，通过政府基金运作强化"资智"对接，并有效带动社会资本的投入。目前，天使梦想基金已为250家初创企业注入资金。二是注重发挥创业人才和创业项目的互促发展，加快创业资本的集聚，依靠资本的纽带作用，吸引人才项目落户，从而推动"资智"的良性互动。三是努力引进各类创业孵化服务机构，引导股权机构搭建孵化平台，为创业企业提供专业化、市场化、多样化的新型孵化服务。如前所述，目前已引进55个各具特色的"种子仓"，可以提供办公、融资、社交、培训、市场推广、技术研发、战略辅导等各环节的孵化培育服务。

（四）打造创新创业文化

梦想小镇运营方为促进创业者相互交流，满足创业者的社交需求，积极打造创新创业文化。一是通过每月组织各类交流论坛促进创业者交流分享，且都会至少提前1个月告知入驻小镇的创业者（见表5.1）。梦想小镇兼顾创业者工作、生活方方面面的需求，统筹布局各功能区块，引进各类配套项目，为创业者量身打造宜居宜业、高效便捷的创业创新生态圈。重点搭建各类社交平台，借助创业咖啡、论坛沙龙等形式，大力引导创业者从隔离封闭的办公楼走向极速分享的大社区，促进创业者相互交流和思维碰撞。二是积极打造各类创业大赛，积极打造以互联网特色文化为重心的创新创业文化。小镇相继举办中国（杭州）财富管理论坛、中国青年互联网创业大赛、中国互联网品牌盛典、中国研究生电子设计大赛等活动1080多场、参与人数16.6万人次，中央电视台、人民日报社、德国电视一台、西班牙国家电视台、日本NHK电视台等知名媒体纷纷进行报道，小镇的品牌形象和创业氛围不断得到提升。三是成立创客学院，搭建了创业者学习、获取信息的平台。2015年10月，杭州未来科技城与浙江大学管理学院正式签订战略合作协议，在梦想小镇创办"浙江大学管理学院梦想小镇创业教育培训基地"，为杭州、浙江乃至全国的社会经济发展输出创业型人才和未来商业领袖，并成立了梦想小镇创客学院。

表5.1 2019年7月梦想小镇活动信息（公布日期：2019年6月）

活动名称	地点	主办方
阿里巴巴诸神之战创客大赛海选赛－未来科技城专场	梦想小镇互联网村25号楼中庭	湖畔良仓
工伤保险主题普法活动暨社会保险咨询进小镇	互联网村3号楼106会议室	梦想小镇党群工作委员会、余杭区人力资源和社会保障所、浙江中智余杭分公司、菜根科技
新英读书会	线上	余杭区委统战部、众创同心荟、新英会、区社科联、菜根科技
人力资源3P项目的导入与促动	唯创空间	唯创空间、贤邻教育
阿里巴巴诸神之战创客大赛海选赛－盈动专场	中节能·西溪首座	湖畔良仓、盈动资本
创业大讲堂——如何成功找到技术合伙人	朴器工坊B座路演厅	朴器科技有限公司
创业沙龙：人工智能平台赋能人才培养与产业转型	朴器工坊B座路演厅	朴器科技有限公司
创客读书会	互联网村3号楼106会议室	梦想小镇党群工作委员会、菜根科技

续表

活动名称	地点	主办方
梦想论剑——资本相亲会	梦想小镇天使村2号楼102会议室	三羊基金
求橙小饭桌——知识产权的重要性	梦想小镇E商村	求橙众创空间
阿里巴巴诸神之战创客大赛海选赛－浙大专场	梦想小镇互联网村25号楼中庭	湖畔良仓、浙大校友会
领导力教练与团队文化建设	唯创空间	唯创空间、贤邻教育
加强信息安全意识，提高企业竞争力	梦想小镇创业大街41幢会议室	创客街
创业分享——入行AI人工智能，你该从何做起？	朴器工坊B座路演厅	朴器科技有限公司
三羊读书会《林肯传》《从优秀到卓越》《哈姆莱特》《人生的智慧》	梦想小镇天使村2号楼102会议室	三羊基金
彩绘营——国画、缘梦	唯创空间	彩绘营、唯创空间
心理健康一对一咨询	梦想小镇互联网村3号楼101会议室	余杭区委统战部、众创同心荟、新英会、有晴天
三羊创业营	梦想小镇天使村2号楼102会议室	三羊基金

资料来源：依据梦想小镇管委会资料整理。

第四节　梦想小镇创新创业支撑体系之运营管理

杭州梦想小镇的基础设施完善，创业服务丰富，除了和大部分的特色小镇运营机制（市场主体为小镇运营管理方的机制）有相似之处外，还依赖于梦想小镇的两大特色：一是小镇没有专门的管委会，小镇的行政管理权限归于管辖地域范围更广、行政服务功能更全面和更强的杭州未来科技城（海创园）管委会；二是梦想小镇的运营是在一个全域性和闭环式的特色小镇群内进行的，特色小镇与其所在的杭州未来科技城（海创园）中的其他特色小镇形成了一个互补、闭环式的特色小镇群，进而使得梦想小镇的运营可以与其他特色小镇实现资源共享。

一、管理体制

浙江省在建设运营的特色小镇中，当地政府都会在小镇设立管委会，并派驻人员担任管委会主任和相关工作人员，而梦想小镇没有专属于小镇的管委会，其行政服务职能由杭州未来科技城（海创园）管委会承担。梦想小镇的管理体制可分为两个层级。第一层级是杭州未来科技城管委会，其作为余杭区委、区政府的派出机构，是未来科技城的独立管理机构，内设"一办五局二中心"，负责未来科技城的开发建设管理和重大事项、重大问题、重大项目的协调和推进工作（刘超，2017），以及整个未来科技城不同产业定位的特色小镇的规划与建设、整个未来科技城的基础设施建设和为整个未来科技城提供公共服务等。第二层级是以梦想小镇为代表的一系列特色小镇，如人工智能小镇、淘宝小镇、海创园等，由杭州市未来科技城相关办公室提供各类针对性的服务和政策支持，但具体管理与运营则由市场主体负责。

二、运营方式

浙江省特色小镇确定运营客体的一个基本原则是，从以土地为重转变为以产业为重，特色小镇不能以房地产开发投资作为运营重点，梦想小镇运营客体的确定应遵循这一原则。梦想小镇致力于打造成为众创空间的新样板、信息经济的新增长点、特色小镇的新范式、田园城市的升级版和世界级的互联网创业高地。梦想小镇牢牢坚持数字经济"一号工程"，聚焦互联网产业、数字经济，突出互联网产业特色和龙头企业带动作用，正确处理扬优势与补短板、抓孵化与促转化、产业发展与数字应用三对关系。

浙江省特色小镇运营方式，已经从政府主导转向市场主导方式，浙江省大部分的特色小镇采取当地政府全权负责特色小镇基础设施的投资建设、产业招商，委托企业负责特色小镇的日常运营与管理，这与浙江省大多数地方政府财政实力雄厚有紧密关系，这种方式可以使特色小镇的产业定位得以实现，并集聚以某一产业为主，而不至于以短期利益为主，沦为房地产开发项目。政府参与小镇的日常运营与管理，一会不专业，二会需要大量的人力、物力，因此政府都会将小镇的日常运营与管理进行服务外包。

梦想小镇直接由杭州市未来科技城管委会负责管理，但杭州市未来科技城管委会不负责小镇的直接运营与日常管理，杭州市未来科技城管委会通过向市场招标的方式聘请小镇运营企业主体。梦想小镇的日常运营与管理企业是菜根科技（图5.11）。菜根科技位于杭州梦想小镇，是高新科技产业园和创新创业园的运营服务提供商，公司以"中国科技创新服务的领航者"为目标，立志成为产城融合的实践者、科创要素的集聚者、创新创业的服务者、转型升级的推动者。该公司通过深度融合政府、企业、人才、资本、服务等科技创新要素，积极打造高科技产业和创新创业生态圈。

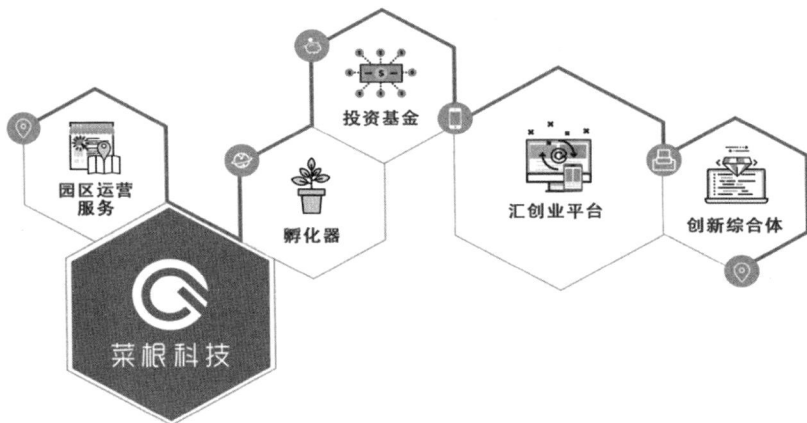

图 5.11　梦想小镇运营方的运营方式

三、运营的全域性和集群性

梦想小镇位于杭州未来科技城（海创园）腹地，梦想小镇的运营与发展是在整个杭州未来科技城的人才资源、产业优势、公共服务、商业配套、基础设施配套等共享框架下进行的，使得梦想小镇运营有了一个全域性和集群性的优势。全域性是指梦想小镇的运营可以享受整个杭州未来科技城的资源。梦想小镇依托未来科技城良好的人才和产业优势，抓住"大众创业、万众创新"的发展机遇，采用"有核心、无边界"的空间布局。如前所述，一些孵化成功的企业已迁出梦想小镇，进入附近的"加速器"进行产业化。在更大的范围内，小镇里"互联网＋农业、互联网＋商贸、互联网＋制造、互联网＋生活服务、互联网＋智能硬件"等新产品、新业态、新模式层出不穷，为区域经济发展注入了新的动力。

集群性是指杭州未来科技城在聚焦互联网产业、数字经济时，不仅打造了梦想小镇，还积极打造了与梦想小镇之间技术、知识互补的产业小镇，即人工智能小镇、5G创新园，三个小镇之间溢出效应明显，形成了相互之间"1＋1>2"的发展态势。2019年，梦想小镇成为双创周主会场，再次成为全球焦点，6月13日，2019年全国大众创业万众创新活动周正式启动，中央政治局常委、国务院总理李克强莅临小镇调研指导；小镇累计集聚创业项目1903个、创业人才16700名，166个项目获得百万元以上融资，融资总额达110.25亿元；引进Plug and Play、500 Startups、中法梦想小镇科创加速器等国际众创空间；举办中国（杭州）财富管理论坛、中国青年互联网创业大赛等活动共1499场，参与人数超过20.3万人次。人工智能小镇被列为省级特色小镇培育名单，已累计成功举办10场人工智能类项目评审，之江实验室、阿里－浙大前沿技术研究中心、百度（杭州）创新中心、中乌人工智能产业中心等17个高端研发机构及425个创新项目纷纷入驻，日均就业人员3382人。5G创新园2019年度首次项目评审会于4月13日举办，25个项目通过评审，目前项目征集常年进行；中国信息通信研究院（杭州）5G研究中心、全球商业遥感卫星地面接收站网总部等首批32个平台和项目拿到入驻中国（杭州）5G创新园的金钥匙。

第六章

梦想小镇创新创业范例

第一节　虚拟现实行业创新创业案例[①]

一、杭州虚现科技有限公司：当好VR"指挥家"

（一）公司基本情况

杭州虚现科技有限公司（KATVR），是一家拥有独立自主研发能力的VR外设公司，成立于2013年。研发领域包含虚拟现实交互、人体工学、人机工程、动作捕捉技术等，致力于为用户创造更完整的虚拟现实沉浸体验。

KATVR主打的产品是面向B端商家用户的KAT SPACE VR万向行动平台，它又被称为VR跑步机，只需要一平方米左右的现实空间，就能为使用者提供无限的虚拟世界。在保证绝对安全的前提下，它能将使用者做出的行走、奔跑、跳跃、坐与下蹲等动作映射到虚拟场景中，在解决了晕动症的同时，让使用者有身临其境的震撼体验。

KAT SPACE VR万向行动平台应用领域极广，可以应用到任何需要走动的场景中，除游戏应用外，还能与传统行业应用结合，拓展如虚拟安防训练、虚拟旅行、虚拟健身、虚拟看房等行业应用。KATVR已经与国内外几十家内容公司达成合作，进一步将电竞与社交结合，给用户带来更具沉浸感的虚拟现实体验。

同时，KAT SPACE VR万向行动平台与其他配套的VR设备、持续更新的精品定制游戏、傻瓜式可视化触屏操作系统、专业售后技术支持系统一起，打包成了一套插电即用的虚拟现实商用解决方案KAT PLAY，面向包含VR线下体验馆、电玩城、网咖等商用客户出售。KAT SPACE

---

① 本章主要根据未来科技城（海创园）管委会提供的内部资料编写而成。

VR万向行动平台不仅在国内市场占有重要地位，在国际上尤其是在美国的知名度也很高，在美国VR行业获得了非常好的行业反响。可以预见，VR万向行动平台在不久的未来会走进千家万户。

（二）成功经验

1.创始人永不放弃"为VR梦而生"的创新创业精神

杭州虚现科技创业的成功，离不开两位创始人——公司的CEO庞晨和CTO王博。

作为VR界的"美女CEO"，庞晨有些和一般女生不一样的爱好，从小就是重度游戏玩家，也是彻彻底底的科幻迷，最爱玩如《上古卷轴》《GTA》等自由度很高的大型单机游戏。它们虽然风格迥异，但毫无例外都有一个共同点——给玩家一个新身份，去新世界冒险。庞晨就喜欢用眼睛去看，用双脚去探索，去"这个新世界"冒险。不过，英语专业出身的庞晨，毕业后一直在一家加拿大国际贸易企业从事外贸工作，从基层开始做到了该公司中国区总负责人，在接触VR之前，担任大中华区总负责人达十年。事业的成功和安逸并没有让她忘记儿时的梦想，也许只有游戏和高科技才能真正让庞晨兴奋。2013年9月，处于职业安逸期的庞晨看到了Oculus Rift DK1的视频，当时她完全被震惊了，创业的激情立马点燃。从此，庞晨开始到处寻找组织，最终她找到了VR China——中国第一个虚拟现实爱好者社区，并在VR China认识了KATVR的联合创始人兼CTO王博。

王博之前在军方从事了15年的模拟仿真科研工作。他是个极客，逻辑很单纯，凡是他想玩的东西，市面上买不到或者买得到但达不到他的要求的，他就自己做。在他的车库里，堆满了自制的原型机：高清VR头显、体感手套、力反馈背心、后坐力模拟器、模拟驾驶座舱、模拟飞行器……

一个恰好有十年的商业运营经验，另一个是醉心科技的天才。志同道合的庞晨和王博一拍即合，并同时集结了另外两个在论坛里认识的伙伴，正式走上了VR创业之路。创业的道路自然很曲折，加班加点也是家常便饭。硬件开发涉及大量机械结构、人体工程学、材料工程学等方面的问题，有时候判断不正确或不够全面，一切都将白费。因此，开发硬件非常"烧钱"，研究进入瓶颈期，遇上难题的时候，创始人王博每天只睡3个小时，情绪跌落谷底。但是，无论多辛苦，团队里没有任何一个人想过放弃，最终解决了存在的问题。功夫不负有心人，KATVR 创业取得了实质性的进展。2015年7月，VR万向行动平台项目KAT WALK登陆美国Kickstarter进行全球众筹，最后众筹额度达到150%，完全超出了预期。一年后，KATVR在北京成功举办KONTACT伙伴交流会，并正式公布了B端商用VR万向行动平台项目KAT SPACE以及KATVR提供的全套虚拟现实商用解决方案KAT PLAY。

2.精准的产品定位

KATVR自创立伊始就选择做VR万向行动平台这个产品，是因为它尊重人的基本需求。人的基本需求包含视觉、手的交互，场景移动。对于VR来说，是同样的道理，但VR头显已经实现了视觉交互，手部输入实现了手的交互。适合VR的空间位移方式分为两种——定制空间和无限空间。定制空间采取的是真实人体位移的方式，加上定制的现实空间进行匹配，需要协调场地的大小是定制和固定的，游戏场景中也要根据现实空间的大小来调配。而KATVR团队所选择的则是ODT（Omni-Directional Treadmill），学名VR万向行动平台，俗称VR跑步机。利用现实1平方米左右的空间，就可以实现在虚拟世界中无限空间的位移。这里说的无限空间，可以是一个房间，一个游戏战场，甚至是一个城市。也就是说，不管什么游戏场景、行业应用场景、面积大小，对ODT来说都一样。VR万向行动平台是目前唯一的无限空间位移解决方案，这也是KATVR选择VR万向行动平台的根本原因。

3.梦想小镇的政策扶持

在梦想小镇开园前的选拔赛中，KATVR团队展示的虚拟现实交互CS：GO视频、战地游戏视频和赛车视频，引起了评委和其他团队的极大兴趣，主持人甚至忘记了提醒路演时间。100个企业中，KATVR被挑选为首批种子企业入驻。入驻后，梦想小镇为KATVR提供了非常完善的优惠政策，包括免费的办公场地、创业贷风险池、其他公共服务等，这些对KATVR的团队扩大帮助极大，解决了很多创业团队本来要面对的难题，使得KATVR能够全力以赴做好产品，运作好团队。

二、杭州映墨科技：用VR承包你的快乐

（一）公司基本情况

杭州映墨科技有限公司（以下简称映墨科技）成立于2014年7月，是专业从事虚拟/现实软硬件的开发及虚拟/现实解决方案定制的高新技术企业。映墨科技研发力量强大，以6名博士为核心的技术团队依托浙江大学国家级实验室，在高沉浸感交互式虚拟现实领域拥有多项自主知识产权和核心技术。公司成立仅仅两年，映墨科技就突破众多VR技术门槛，完善了一条VR解决方案的技术链。映墨科技的产品主要有星云Nebula VR眼镜、星云虚拟现实游艺系统、星云虚拟看房系统、星云虚拟骑行系统等。

（二）成功经验

1.创始人"为VR梦而生"的创新创业精神

映墨科技创始人吴震开始准备创业是在2012年。在那之前，他刚辞去了华为项目经理的工作，进入浙江大学航空航天学院攻读博士学位。一次偶然的机会，吴震接触到了"Oculus"（中国最早的VR社区），创业的念头便涌上心头。吴震立即找来自己的两位好兄弟冯国华（联合创始人）和罗浩（联合创始人），在浙江大学玉泉校区西南面的草坪上讨论了一个下午，三人就决定将VR作为创业的方向。

随后，一切都有条不紊地推进。2014年7月，公司正式成立，三位联合创始人的导师将公司取名为映墨（immersion），寓意沉浸、专心，与VR设备给人营造的那种感觉非常贴近。2015年3月，映墨科技成为第一批入驻梦想小镇的创业团队。入驻后不久，映墨科技就召开华东地区首

场虚拟现实产品发布会，发布全球首款双镜片方案＋模块化设计的星云Nebula VR眼镜，同时启动淘宝众筹。2015年10月，映墨科技又与阿里巴巴集团达成合作意向，为其定制"阿里云千岛湖数据中心"的"虚拟之旅"。

2.业务转型思路清晰

随着创业的深入，联合创始人吴震越发感觉到，公司的业务领域需要转型。VR头显的市场主要分视频和游戏两块。就视频市场而言，这块市场未来应该属于优酷这样的视频网站，因为它们掌握着内容源头，硬件产品对它们来说也不是问题，所以，创业公司在视频市场是没有多大机会的。就游戏市场而言，以后VR头显很可能就变成像键盘和鼠标一样的东西，而且单纯地做一个硬件，对很多创业公司来说，也不是合适的创业领域。对于创业公司而言，最好的选择一定是做一个垂直领域（做细分产业）。那么，适合映墨科技的创业领域在哪里呢？按照吴震的分析，在儿童娱乐设备当中，非常火的抓娃娃机，即使是市场占有量最大的品牌，也才占全国市场总额的5%，市场是很分散的。而摇摇车就更分散了，体量最大的也只占1%多一点，市场上还没有一家巨头公司出现。十年前是摇摇车，十年后还是摇摇车，小孩子也希望玩点新鲜的东西。因此，创业公司在儿童娱乐设备领域可以尽情施展才干，机会很多。思考过后，吴震旋即将目光锁定到儿童娱乐设备上，他认为，一个可以便捷支付、花费较低、拥有可爱造型和酷炫游戏的VR体验设备，孩子们一定会喜欢。

2016年8月，映墨科技正式发布了全球首款儿童VR一体化设备"龙星人"，截至发布会当日，订单便突破2200万。这一跨越式的转变，步子迈得很大，但走得却特别稳。综观全国，映墨科技是第一家进军儿童虚拟/现实垂直领域的双创企业。2017年，映墨科技推出了"魔幻岛"AR互动投影系列产品，并将"龙星人2代"的商业模式定位为"收取押金，免费供货，联营分成"。2017年3月，映墨科技与海底捞达成合作，其儿童VR设备开始陆续入驻全国各地的海底捞门店。在杭州本地，各大儿童游乐门店里，基本上都有"龙星人"可爱的身影。家长用手机扫一下，只要花几元钱，就可以让孩子开心地玩上几分钟的VR游戏。

至于公司以后的发展，映墨科技将看重内容，做好儿童VR领域的内容分发，真正在儿童线下娱乐市场形成自己的小生态。让小朋友在空闲玩耍的时候，可以体验到"身边游乐园"的乐趣，让快乐无处不在。

3. 资源整合能力强

映墨科技凭借在VR行业不俗的研发实力，与大企业实施了战略合作，先后与富士康、阿里巴巴进行深度合作。比如，星云Nebula VR眼镜的外观设计和生产制造均是由富士康完成。又如，"阿里云千岛湖数据中心"的"虚拟之旅"就是由映墨科技为阿里巴巴量身定制的。

映墨科技也数次获得天使轮和风险投资。2015年1月，映墨科技获得如山创投的500万天使轮融资；2016年2月，映墨科技拿到了由国内著名投资机构华睿和银江资本领投，云椿资本以及天使投资方如山创投跟投的3800万A轮融资。

此外，映墨科技针对餐饮渠道对"龙星人"进行了新商业模式的探索，已和海底捞、绿茶、必胜客、弄堂里、香天下等知名连锁餐饮品牌达成合作，"收取押金，免费供货，联营分成"的成效明显，单日单台平均运营收入20元以上。

三、杭州有特云计算科技有限公司：深挖建材新零售

（一）公司基本情况

杭州有特云计算科技有限公司（以下简称为有特公司）成立于2017年，专注家装建材营销领域的软件开发，并提供建材行业新零售转型整体解决方案。现阶段，有特公司主要做的是建材新零售的SaaS（Software as a Service）平台，通俗地说，就是为建材的门店做一个营销端的软件，从而提升这些门店的到客转化率、成交率。通过有特公司的SaaS平台，总店可以了解门店销售的情况、转化率提升的状况等。2018年，有特公

司获得"中国梦想小镇创新创业金钥匙"大奖，由于先进的 VR 技术能力，有特公司还获得"国家高新技术企业"称号。在短短的几年时间里，有特公司服务了 300 多个家装建材品牌、卖场、企业，所提供的新零售整体解决方式获得建材业界一致好评。

（二）成功经验

1.创始人的创业特质

有特公司创始人宋张波在开发"有家"SaaS 平台之前已经做过很多事，在创业路上多少也算个"老兵"。大学时期，宋张波就开始倒腾创业了，卖过拖鞋、卖过电脑、卖过游戏装备，同时也做过很多兼职。2009年毕业后，先为一家百度代理商做广告销售，从主管干到经理。2011 年，宋张波组织创业团队创办了一家新媒体公司，专门给杭州万科、融创等房产企业运营微信公众号。创业初期，新媒体公司就开在一个杭州的小区里，创业团队在漫长又炎热的夏天过了一段没有空调的日子，再后来，宋张波和他的一个学长一起找了一个办公场地，自己去粉刷、装修，一起办公。虽然条件简陋，创业团队丝毫没有气馁。在这期间，宋张波做了一款专门给房产企业做全民营销的工具产品，名为"楼易销"，并且还顺利地获得了一笔风险投资。

2.VR 技术赋能

目前建材门店的成本非常高，有的一年差不多要两三百万，但是到店客流量却很少。即使是到店的顾客，为了买一件合适的产品，也可能要逛十家店，因此吸引到顾客的可能性只有十分之一，而且有些店可能既有价格优势，又经常搞促销活动，因此普通门店的成交量可能连十分之一都达不到。

家装和 VR 的结合可以解决传统建材行业的一些痛点。有特公司开发的"有家"SaaS 平台正好可以解决信息不对称的问题，通过营销工具（App 端）可以让导购和顾客进行更加畅通的沟通，可以让建材企业更好地把产品销售出去，借助于大数据，不仅可以更好地服务客户，给客户带来更好的体验感，而且可以让建材总部知晓各门店存在的问题。

事实上，有特公司SaaS平台的核心其实并不是VR，而是营销，VR端的展示只是SaaS平台中的一个模块，好比一道前菜、甜点。VR的可视化效果，可以用诸如手机、平板电脑、普通台式机等最简单的硬件呈现出来，不再局限于VR眼镜。对于建材门店而言，关注更多的其实是如何提高转化率，只做VR展示是远远不够的。所以，有特公司就开始将精力投入到营销上面，帮助这些门店将VR和营销结合起来。根据行业统计数据显示，顾客首次进店的成交率约为13%～15%，大部分客户都是逛一逛就走了，再逛回来几乎不可能。但是，通过VR技术，将这种不可能变成了可能，顾客回到家打开手机后依然能通过VR呈现技术，浏览那些在店里挑选过的较为中意的产品，在很大程度上可以再次点燃顾客的购买欲。对于门店而言，可以看到顾客的收藏记录、浏览情况，让导购更明确地了解顾客的兴趣所在，以便与顾客更好地沟通。所有能帮助导购工作的功能，诸如爆款产品推荐、常用语句的自动发送等都可以轻松实现。从体验到服务到数据，有特公司已形成了一整套建材行业新零售转型的解决方案。

3.梦想小镇的创业氛围和优惠政策

2017年10月，有特公司创业团队入驻梦想小镇的眼见孵化器，两个月后参加了创业先锋营，并拿到了"金钥匙"第一名。在孵化器里，不仅创业团队内部可以经常交流、沟通，而且不同的创业团队之间也时常探讨一些合作。梦想小镇的生态环境优良，田园气息浓厚，可以使创业和人文环境结合在一起，使创业者避开呆板且单调的写字楼，尽享田园人文气息。在梦想小镇，有特公司创业团队在工作之余经常聚在一起，前往具有880多年悠久历史的古街、余杭塘河兜兜逛逛，一起去看那希望的稻田，寻找创业的灵感。梦想小镇的优惠政策（包括场租减免、资金政策、人才政策等）更是吸引了众多年轻的创业者从四面八方涌来，年轻人聚在一起创业，那热火朝天的创业场面令人无比振奋。

四、杭州西顾视频科技有限公司："混血"VR公司

（一）公司基本情况

杭州西顾视频科技有限公司（以下简称为FXG公司）创立于2017年5月，是一家VR软硬件技术解决方案提供商，主要从事深度沉浸式内容与技术的研发制作，自主研发了3D VR和2D VR摄影机产品，可以捕获360度视频深度信息并提供六自由度（6DoF）追踪能力，致力于为用户提供从产品拍摄到内容后期制作与播放的一体化流程服务。2017年7月，FXG公司作为种子轮企业入驻梦想小镇，获得了免费的办公场地和配套的政策支持。随后参加创业先锋营，成为梦想小镇的"金钥匙"项目。不到一年时间，FXG公司已经组建起一支30人的国际化VR开发团队，成员来自波兰、俄罗斯、德国、乌干达、美国、中国等多个国家和地区。现阶段，FXG公司已经在国外有3个驻点，在不久的将来，会在全球搭建5～10个驻点。

（二）成功经验

1.创始人创业特质

FXG公司的创始人是来自加拿大的Nikk Mitchell（尼基·米切尔）。Nikk18岁考入加拿大的一所艺术大学学习游戏开发，但是入学后几个月时间里却一直在学习基础的艺术理论，并没有接触到真正的游戏制作。由此，Nikk对学校理论学习产生抵制情绪，进而开始在互联网上寻找全球工作的机会，最终辍学来到了中国牡丹江一家英语教学机构从事英语教学工作。在英语教学之余，Nikk还跟着一个在当地生活的菲律宾人学习DJ，帮助当地的多家酒吧搞活了场子。

但是，Nikk对游戏制作一直抱有极高的热情，并没有放弃梦想。在机缘巧合之下，Nikk前往大庆，在做一些小生意的同时遇到了合伙人"大龙"，随即开始进入手游领域。2012年，Nikk在做手游半年后，在Youtube上看到一段VR视频，正是这个VR视频，使他打开了通往新世界

的大门。在与合伙人商量之后，Nikk最终决定进入VR领域。通过百度搜索国内的VR发展情况，Nikk发现当时国内并没有任何相关的VR社区或论坛，可用的资料非常匮乏。于是，Nikk与他的合伙人特斯拉抓住这个机会，在大庆的一个酒吧二楼的走廊里一起创办了中国第一个VR社区网站Oculus。此时，Nikk苦中作乐，没有住处的Nikk就住在酒吧的二楼，与一堆杂物做伴。令人欣慰的是，Oculus社区网站带动了中国VR行业的发展，非常多的VR行业的公司创始人受此社区的影响开始创业，比如KAT VR、VRplay、映墨科技等，后来Oculus社区网站被美国Facebook收购。

2.VR技术研发实力出众

FXG公司VR技术研发实力强大，掌握着一些核心优势技术，比如ET-2 VR全景相机拥有近距离拍摄能力，可以拍摄30cm甚至更近的VR影像，并用自身研发的光流算法无缝拼接，同时还研发了自己的视频格式VR8 Farmat（八面体投影格式），它一方面可以有效地提高VR视频的清晰度，另一方面可以压缩视频容量的大小。此外，2018年，FXG公司攻破6DoF实拍视频技术，该技术是全球最顶尖的VR科技公司都极力想攻破的一项重大技术。2019年3月，FXG公司正式建成6DoF沉浸式影像实验室，该实验室由83台索尼RXO数码相机列阵而成，相机阵列借助了索尼业内领先的CCB-WD1同步技术，可以使得多达100台RXO相机同步工作，同时实验室还拥有自主研发的ET-2 VR全景相机、航拍器、地面移动车以及可视化第一人称机器人等VR影视拍摄器材。FXG公司以其强大的研发实力，正努力推动6DoF技术在旅游、建筑、游戏、电影、艺术等多个行业的长足发展。

第二节 数据信息服务行业创新创业案例

一、杭州势然网络科技有限公司：程序员客栈

（一）公司基本情况

"程序员客栈"是一个由杭州势然网络科技有限公司于2015年9月上线的中高端程序员人才共享工作平台，旨在为中高端程序员提供云端兼职工作，从而实现远程、自由工作。

"程序员客栈"上线一年后，注册程序员用户已达5万，包括来自上海、杭州、广州、深圳、西安、长沙、海口、吉林等全国各地的UI设计师、前后端开发高级工程师、微信开发工程师、网页插件开发工程师、PHP工程师、高级Java工程师、全栈工程师等。这些签约程序员都具有两年以上知名互联网企业技术经验或是三年以上普通技术行业经验，其中对外提供过服务的高级程序员有2000多人，30%的用户已经在平台独立自由工作。月线上流水达50多万，月签单额为100多万元，已达成合作意向的企业有1000多家，已服务企业800多家，开发了70余个项目。服务过的企事业单位既包括诸如蒙牛、CCTV等知名企事业单位，同时也包括大量有影响力的创业型公司。

（二）成功经验

1.运作模式高效

在如今的IT技术服务市场，可细分为软件外包、互联网产品外包、人力外包和技术咨询四大领域。但是，互联网产品外包市场极度分散，行业内前100家市场占有率不到业内总额的10%，并且长期以来存在价格乱、质量参差不齐、层层外包等乱象。乱象中往往孕育着生机，因此"程序员客栈"应运而生。"程序员客栈"运作模式主要有两种：①企业

用户通过"程序员客栈"发布项目申请，由杭州势然网络科技有限公司依据项目情况安排专人与企业用户签订合作协议，并组建项目团队（包括项目经理、产品经理、UI、程序设计师等），从而设计出最适合企业用户的程序体系，如有技术问题可支持100%退款；②企业用户可在"程序员客栈"中自己寻找程序员合作。在此过程中，杭州势然网络科技有限公司不承担全程监管的责任，但双方如果出现纠纷，该公司将提供免费的仲裁服务，以保障双方权益。通过高效的运作模式，再借助云端，不仅可以实现企业用户和程序员之间的公平交易，还可以实现程序员"远程办公"的理想。

2.定制化IT服务

"程序员客栈"刚上线时，创业团队急于想要定制互联网IT行业的标准化（包括技术标准化和价格标准化等），但受限于程序设计种类、内容、设计方向等独特的运作规律，这样的标准化几乎不大可能实现。

经过反复实践和分析，创业团队认为，只有根据企业客户的不同要求，提供定制化的IT服务才是唯一的出路，而要实现定制化，与企业客户的沟通就显得尤为重要。

"程序员客栈"在页面开发、微信、App、网站设计等方面都实现了定制化特色服务。在服务过程中，沟通工作始终是最重要的，比如产品经理40%的工作时间用于与企业客户的沟通，而项目经理则将80%的工作时间用于各种沟通。深入地沟通，促进了客户与开发团队之间的理解，进而有助于完善程序设计，并有效推动项目进程，保证项目保质保量及时完工。现在"程序员客栈"完成一个项目的时间在1～3个月左右，其中程序设计只需要2～4周，工作效率明显高于一般的技术团队，且开发成本可以节省40%左右。

二、杭州非白三维科技有限公司：专注于三维扫描

（一）公司基本情况

杭州非白三维科技有限公司（以下简称非白三维）是一家成立于2015年、专注于三维重建和三维机器视觉领域底层研发的高新技术企业。非白三维目标是打造一双"机器人之眼"，让机器能识别三维空间中的物体。非白三维拥有一支优秀的机器视觉及三维重建的团队，公司核心技术力量来自微软亚洲研究院、浙江大学计算机辅助设计与图形学国家重点实验室、浙江大学现代光学仪器国家重点实验室，技术组由多名博士生导师和海外博士后领衔，拥有算法库、驱动、芯片级的技术底层开发能力。目前已有产品主要包括人体三维扫描仪、桌面级三维扫描仪、准工业级手持式三维扫描仪、固定式高精度三维扫描仪、工业在线三维检测等。

（二）成功经验

1.创始人的创新创业特质

非白三维创始人茹方军受家庭创业氛围的影响，从小对世界充满了好奇，想了解世界运作的规律，自上大学就开始创业，通过创业来观察人性和社会运作规律。坚持创业9年，茹方军终获非凡成就。2017年8月，茹方军和他的创业团队推出的桌面级三维扫描仪"喵喵T-1"获得淘宝众筹，当月，该企业获得了国家高新企业技术认定。非白三维不仅拿到了70余项自主软件著作专利，而且被评为杭州市高新技术企业、科技型中小微企业，并在科技部创新创业大赛中获得了名次和资金补助。

由于是自主研发，非白三维早期也非常艰难，示范阶段持续了很久，当时也经历了一段很痛苦的没钱、没人、没市场的阶段，几度弹尽粮绝，但是，几个创始人硬是咬牙坚持了过来。等到产品示范出来，拿到天使轮之后，公司又招募了一批优秀的技术核心，构建了核心技术团队和市场团队，几个创始人一直没有放弃，于是就坚持过来了。

创业久了，创始人就会对创业有更深的理解，比如他们对行业的理解会越来越深刻，就会分析这个行业发展的痛点，并努力去寻找突破点。凭借国内比较领先的研发和技术能力，非白三维正朝着成为三维机器视觉领域的世界级厂商的宏伟目标奋进。

2. 梦想小镇浓郁的创业氛围和高效的服务效率

2015年3月，非白三维正式入驻梦想小镇。小镇为公司提供了早期创业场地（最长5年，每年减免120平方米租金），省下的房租可以投入到创业项目本身，以达到更好的创业效果。而且，梦想小镇创业氛围非常浓郁，"为了理想努力"的年轻人特别多，他们创业激情四射，在小镇没有准点下班的概念，即使是深夜，还依然是灯火通明。在这种环境下，创业团队克服内心无法压抑的孤独，相互鼓励，终于走出一条路来。

此外，梦想小镇的行政效率也很高，领导没有官腔，和创业者打成一片；遇到问题招呼一声，能力范围内的都会及时帮忙解决。

3. 准确的战略定位

非白三维创始人于2014年成立杭州讯点科技有限公司，是国内最早一批从事3D打印的公司，当时国内做3D打印的比较少，因为做得早，第二年公司就赚钱了。

等赚了一年多的钱以后，创始人开始思考公司的战略定位。高端的3D打印技术门槛比较高，需要十几年的技术积淀，而低端的3D打印都是开源的，根本没有门槛可言，尽管3D打印市场还处于早期培育期，但已经陷入比拼成本、比拼价格的尴尬局面。基于此，非白三维否定了3D打印方向，从3D打印市场撤了出来。

而当时国内的3D扫描仪市场供不应求，质量好的全是进口的，价格又非常贵，每台动不动需要几十万元。考虑到三维扫描本身就是3D打印的上游市场，未来发展前景也会很好，而且三维扫描领域和公司现有的市场资源以及团队能力匹配度较高，因此，非白三维就整个转型进入三维扫描领域。经过技术团队13个月的埋头开发，非白三维终于推出了手持准工业级别扫描仪。这款扫描仪比市面上的固定扫描仪速度快近10

倍，但价格只有国外类似产品的1/5左右。手持扫描仪的应用范围很广，比如用来修复一些受损的文物，或者工业产品的检测，用起来速度也快，扫描一张人脸只要87毫秒。

三、数澜科技：让企业的数据用起来

（一）公司基本情况

数澜科技成立于2016年6月，坚持"让企业的数据用起来"的使命，致力于成为客户信赖的数据应用基础设施供应商；2019年3月，成功上榜"杭州准独角兽企业"榜单。

自成立之日起，数澜科技团队一直坚持以构建"数据中台"为核心战略，围绕"数据中台"培养和构建高素质的人才队伍。目前，数澜科技成员有300多人，拥有一支以数据科学家、数据产品专家、数据咨询专家及数据可视化专家为核心的数据科技研发团队，核心成员来自阿里、华为、金蝶等大型B端企业，这些研发人员拥有处理大数据业务和多年的实战经验，他们是国内最早一批大数据服务创新的实践者。

目前，数澜科技已为万科、西安大数据小镇、华泰证券、方太、巧房、红星美凯龙、温州检察院、宁波银行、恒大人寿、中金所、兴业银行、同人集团、三江航天、方太集团、海贝集团、杭州城市大数据运营有限公司、北京市经济与信息化委员会、时尚集团、中信云网、喜茶等多家行业龙头企业和政府客户提供数据中台建设和数据资产开发服务，并基于数据帮助企业持续挖掘数据资产，赋能业务创新。

（二）成功经验

1.创始人创业特质

数澜科技是由创始人甘云锋和其他五位联合创始人创立的，创始人核心团队见表6.1。

表6.1　数澜科技创始人核心团队

姓名	职位	简介
甘云锋	创始人兼CEO	曾在华为、Utstarcom、卓望、金蝶、阿里巴巴任职；曾负责阿里最重要的三款数据产品DMP、TCIF、ID-Mapping；负责过阿里云数据创新工作室，服务超过20多个领域的客户及伙伴
付登坡	联合创始人兼副总经理	原阿里大数据科学家，有近8年大数据行业经验，擅长数据建模、海量数据产品架构与实现；先后负责SEM效果优化、日志分析引擎、TCIF标签体系、DMP平台等大数据项目设计与实施；2015年，以创始人身份组建阿里巴巴集团的"11维数据创新工作室"，探索数据商业化；2016年6月离职，联合创办数澜科技
江敏	联合创始人兼CTO	曾任职于浙大网新、同花顺、阿里巴巴集团等企业数据部门；曾负责搭建同花顺大数据平台；曾负责阿里巴巴集团核心数据资产"ID-Mapping"应用于阿里妈妈；核心数据服务应用于御膳房；原阿里云数加平台的总架构师，负责平台架构设计及方案实施
蒋俊	联合创始人兼COO	曾任金蝶集团大型ERP产品部首席数据架构师、服务产品总监，深耕中大型企业信息化服务领域十多年，为国内4000多家集团级客户提供IT架构、运营管理咨询、云ERP系统运维等解决方案。
张凌立	合伙人兼CFO	原阿里巴巴集团总监，曾负责阿里巴巴集团投资部及阿里云法务团队；连续创业者；美国哈佛大学法学硕士，获中国及美国纽约州律师资格；先后在大型知名国际及国内律师事务所的北京办公室及香港办公室任律师；曾后担任阿里巴巴集团投资部及阿里云法务总监；加入数澜科技前，任某智能法律服务平台联合创始人兼CEO
高雁冰	联合创始人兼零售事业部负责人	曾供职于华为、中国移动卓望集团；先后担任过技术总监、研发总监、产品总监、业务线总经理等职务；管理过超500人的产品研发及运营团队；管理的产品年市场收入超10亿元人民币

资料来源：https://www.tianyancha.com/brand/b0f88162095.

数澜科技的创始人兼CEO甘云锋其实大学读的是工程测绘、地质测绘相关专业，但他对自己的专业并无多大感觉，反而对计算机专业充满了兴趣，所以入学以后就一头扎进了计算机领域，一门心思地自学研究起了与计算机、数据相关的内容。通过无比的勤奋努力，工程测绘、地质测绘相关专业毕业的甘云锋最终从事了自己感兴趣的计算机领域相关职业，同时进入了众多年轻人梦寐以求的华为。

在华为期间，甘云锋经常加班，他也非常认可华为的加班文化。非常庆幸的是，当时频繁的加班为甘云锋未来的工作和现在的创业之路奠定了非常扎实的基础。甘云锋认为，和大公司相比，创业公司在空间上的竞争力本身存在很多不足，如果想要赢得生机，那么创业公司就只能靠时间来换空间。

在进入阿里之前，甘云锋还在金蝶等公司任过职，这些大公司本身沉淀丰厚，是非常优秀的企业。但是在跳槽到阿里之后，甘云锋充分感受到了阿里不同寻常的自由与开放的氛围，"只要你有想法有能力，阿里就会放手让你去做。"事实上，数澜科技整个创始人核心团队非常稳定，至今还没有任何一个人离职。他们个个都是身经百战的行业翘楚，与甘云锋一样，都有着一颗不甘于平庸的心。他们以梦想为驱动，以落地实现为执行力，努力将数澜科技打造成为业内首屈一指的大数据应用型公司。

2.专注大数据领域

2013—2014年，国内的大数据行业特别火，早期的大数据公司都侧重于平台和底层的开发，但其中也不乏对大数据行业认识不足、只是盲目跟风而上的大数据公司，2015—2016年，大多数仓促上马的公司都陷入了绝境。2016年，我国开始针对大数据进行立法管理，数据行业开始从无序走向有序；同时，整个社会对大数据的认识逐渐深入，很多企业在不断认识大数据的过程中开始搭建基础设备平台，进行数据上云，希望寻求数据的价值。

在这样的背景下，甘云锋和联合创始人团队选择了自己深耕多年的大数据领域，就这样，专注于数据应用领域的数澜科技公司应运而生了。数据应用领域是无穷无尽的，绝对不是大众所想的只能做营销、风控、金融等，现阶段数澜科技已涉及地产、券商、零售、出版传媒、智能制造等多个应用领域。因此，数澜科技给自己定下的使命就是：从这里开始，让企业的数据用起来。

3.注重高质量发展

2017年4月，全国信息安全标准化技术委员会发布《大数据安全标准白皮书》，从当年5月开始，国家随即对数据乱象开始出手监管，关停上万个数据接口，一些公司开始裁员，行业风声鹤唳。所以说，2017年是大数据行业最为艰难的一年。但与行业乱象截然相反的是，2017年是数澜科技成长性发展的关键一年，主要业绩见表6.2。

表6.2　2017年数澜科技主要业绩

月份	主要业绩
1	获得由洪泰领投，顺融、IDG、湖畔山南跟投的4500万元Pre-A轮融资；最具投资价值企业；杭州年度最具成长企业奖
3	政府行业合资公司成立，全面切入政府大数据领域；与一呼百应等大型客户全面合作
6	数栖平台v2.0发布，平台全面SaaS化，支持SaaS服务自定义；SaaS客户超过500余家
8	发布地产大数据行业应用"域见v2.0"；签约西安大数据小镇，为西部大数据产业发展助力
11	数栖平台签约三江航天、算法赋能智能制造；与方太集团、海贝集团达成战略合作；签约杭州城市大数据运营有限公司
12	发布商业地产大数据应用"贸数"；北京数澜科技有限公司成立；签约北京市经济与信息化委员会；与重庆富民银行签约，拓荒金融大数据

资料来源：数澜科技官网。

一系列成果的取得主要得益于数澜科技一直坚持走高质量发展的理念。自创立数澜科技伊始，创始人甘云锋就一直抱有这样的信念：数据必须安全合法地使用，用数据买卖的方式做大数据服务是不可能长远地走下去的。正是有着这样的信念，数澜科技才能从一开始就不骄不躁、耐心布局，而没有与其他很多公司一样走粗放型的发展之路。2018年5月1日，《信息安全技术个人信息安全规范》正式实施。随着国家监管政策的不断出台，数澜科技的对手不断地倒下去，数澜科技却向着更高的目标不断迈进。

四、柯来视生物科技有限公司：建中国基础眼保健生态

（一）公司基本情况[①]

"柯来视"寓意为光明，源自拉丁文"clarus"。柯来视团队（温州

---

① 柯来视爱眼中心官网：http://www.clarus.cn/.

医科大学柯来视眼视光创新团队）起源于2009年温州医科大学眼视光学院，秉承社会价值与经济价值并存的理念，致力于"构建中国基础眼保健生态，消灭可避免的视觉障碍"。

柯来视团队先后在上海、杭州成立柯来视生物科技有限公司（以下简称柯来视）。柯来视团队顺应我国三级诊疗规划，以"眼健康＋互联网"（B2B2C）为新模式，设有自主品牌的视光中心合作眼科门诊部、合作眼科医院，实现眼健康病人的精准分流。通过云平台、技术培训、模式输出、产品、品牌资源五方面为眼健康行业B端赋能，并链接眼健康生态。2018年，柯来视团队入驻梦想小镇。在梦想小镇扎根落户的同时，柯来视启动医院合作中心业务，上线眼视光SaaS管理系统。截至目前，柯来视已有2家医院合作中心、18个直营中心、8家加盟代理商、228家合作门店。

（二）成功经验

1.创始人创业特质

柯来视创始人陈航毕业于温州医科大学眼视光学院，该学院的眼视光学专业是由温医大将传统的眼科与现代视光学整合而首创的。眼视光学是一门以保护人眼视觉健康为主要内容的医学领域学科，是以眼科学和视光学为主，结合现代医学、生理光学、应用光学、心理物理学、生物医学工程等知识所构成的一门专业性强、涉及面广的交叉学科。

大部分医学生都是毕业之后进入医院从事临床工作，很少会选择创业，更别说在校就开始创业。但是，陈航可以算得上是医学院中的"异类"，在校时期就开始对各种创新创业进行琢磨和折腾，这些琢磨也打造了未来柯来视创业团队的雏形。

2009年，温医大附属眼视光医院斜弱视专家陈洁和美国新英格兰视光学院王光霁教授正在进行针对患偏心注视性弱视孩子的临床治疗研究。当时，她们搭建了一个大模型治疗仪器，虽然取得了很好的疗效，但仪器体积过大，治疗时间又长，病人需在医院附近租房来治疗，因此不少病人最后选择放弃。在这种情况下，陈航主动接下了模型小型化、商品化的重任。在导师的指导下，陈航团队经过多番潜心研究，成功攻克了这个国内弱视治疗领域的重大难题，将原本又大又重的铝合金治疗仪变为一个小盒子——这便是"光刷引导定位的后像弱视治疗仪"，这个弱视治疗仪能够有效治愈弱视中近20%极难治疗的偏心注视性弱视。2013年，凭借这个医疗器械的专利，陈航与另外两位合伙人成立了上海柯来视生物科技有限公司，主打这款弱视治疗产品。当时，陈航还是在校学生，平时在学校进行临床实习，周末则前往上海打理公司业务，可谓分秒必争。正是由于创业路上全力倾情的付出，陈航在学生时代就收获了众多大奖，曾获2014—2015年GSVC全球社会企业家创业大赛中国赛区第一名、第三届"创业浦东"全球青年科技创新创业大赛冠军、第十二届大学生"挑战杯"全国课外学术科技作品竞赛特等奖、2015年大学生"小平科技创新团队"奖、第三届中国"互联网＋"大学生创新创业大赛全国总决赛银奖。

2.服务定位准确

中国私营眼科服务市场规模已从2012年的64亿元增加到2016年的141亿元，复合年增长率为21.7%。同期，公立眼科服务市场规模从397亿元增加至686亿元，复合年增长率为14.6%。根据相关统计显示，私营眼科服务市场规模将于2021年达到328亿元，而公立眼科服务市场规模将于2021年增加到1267亿元。

柯来视在服务的过程中发现，中国许多眼科疾病发现的时机实在是太晚了，很多疾病其实可以通过前期预防而得到很好的治疗。因此，柯来视在2015年将服务重点从治疗转到了预防上，希望通过预防而不是治疗，来降低眼科疾病的发病率，还专门建立个人眼部档案，建成眼科大数据库。2018年8月，教育部等八部门印发《综合防控儿童青少年近视实施方案》，将防控儿童青少年近视上升为国家战略，其中一个硬性举措是，把儿童青少年近视防控工作、总体近视率和体质健康状况纳入政府绩效考核，这一下子把稳步前行、默默耕耘的柯来视推到了风口上。

柯来视目前主要通过帮助眼镜店模式升级以及与公立医院合作建立视光中心两部分进行拓展服务。一方面，合作眼镜店的验光师在培训之后去医院给医生当助理，这样就能一天接触数十个病人，把培训学习到的内容不断深化，以后回到眼镜店里就可以凭借肌肉记忆来更好地实现每一步的标准化操作。同时，每家合作门店还会配备柯来视开发的管理系统，进行步骤监督，双管齐下，提升效果。这样眼镜店就能升级成为视光中心，除了配眼镜外，还能进行眼科医疗全端检查，检查的数据可直接用作医院门诊数据，更可提供眼科专家挂号，免去重复检查的烦恼。另一方面，柯来视还与公立医院的眼科科室合作共建视光中心，目前在安徽、河南等公立医院都有试点。

第三节　电子商务行业创新创业案例

一、杭州一骑轻尘信息技术有限公司：从买好车到卖好车

（一）公司基本情况

"卖好车"平台是由2014年创立的杭州一骑轻尘信息技术有限公司于2016年正式发布的，是国内领先的专业汽车流通服务平台，是国内首家B2B 3.0模式的代表企业。"卖好车"平台主要为全国中小汽车经销商提供"金融＋仓储物流＋SaaS"的综合服务，通过"好车在线、好车物流、好车仓储、好车供应链"等服务来帮助全国中小汽车经销商一站式解决车源、钱、流转的问题，帮助汽车经销商改善经营效率，降低经营成本和提升利润水平。现阶段，"卖好车"平台已覆盖了全国约10万家经销商，有数十万在线真实车源，覆盖了全国所有省区市，为经销商提供的"好车供应链"服务总额已达到近200亿元人民币，若从全国汽车经销商的排名来看，"卖好车"平台位居全国前五。

（二）成功经验

1.创始人创业特质

2005年，"卖好车"平台创始人李研珠来到刚刚起步的淘宝就职，成为淘宝第162号员工，这是李研珠在2003年毕业之后的第二份工作。在淘宝，李研珠先是从事市场营销的工作，后来成为淘宝商城创始团队成员之一，可以说见证了中国互联网电商的发展。淘宝任职的这几年对李研珠的影响是非常深刻的，他深深地明白，互联网不是一个单独的行业，互联网的价值仅仅体现为"提高效率、降低成本"，而任何一家公司要长远发展，需要对行业产生影响，需要对人们的生活产生价值，也就是说，互联网只有结合产业才是公司存在的意义。2011年，李研珠从淘宝离职加入蘑菇街创业团队，并出任蘑菇街市场总监，成功地实现了从职业经理人到创业者身份的转变。

通过蘑菇街创业实践，李研珠对创业的认识和体会也越来越深刻，他认为，不论是从阿里出来的创业者还是浙大系的创业者，都有其各自鲜明的特点，这些特点中既有优点，也有缺点，但不论各自有怎样的优势与缺点，在任何时候，实事求是才是最重要的。因此，蘑菇街创业结束后，李研珠遵从内心，选择了自己从小最为喜欢的汽车领域开始第二次创业。由于从来没有在汽车行业中摸索过，如何利用互联网平台提升汽车行业经营的效率、降低汽车行业的成本，怎样迎合产业需求，是摆在李研珠面前的难题。尽管如此，李研珠依然相信"产业＋互联网"是产业发展大潮流。

2.从"买好车"到"卖好车"的转型

2014年8月，杭州一骑轻尘信息技术有限公司成立，随即在当年12月，李研珠创办"买好车"平台，这是一个B2C平行进口汽车销售平台，购车流程为"确认购车（在线支付订金）—港口发车（验车）—支付尾款（上牌、三包手续）—提车回家"。"买好车"平台曾创下了3个小时卖出102台宝马的辉煌，迅速成为当之无愧的"线上卖车第一"。

公司创始人李研珠一直对"买好车"平台的未来充满信心，但是好景不长，2015年9月，公司金融合伙人告诉创业团队，公司卖的车越多，他们亏得也就越多。当时正值资本寒冬，投资人出手都非常谨慎。在重新分析了整个汽车行业和经济发展的方向之后，李研珠注意到汽车行业不仅流通效率低，而且互联网的利用程度也非常初级，于是"买好车"平台推出一款新的B2B产品"卖好车"平台，将平台定位从直接面对消费者的零售平台转型为服务全国中小汽车经销商，致力于为经销商解决车源和资金的问题，让整个汽车行业的流通变得更快，让卖车变得更加简单。

二、杭州遥望网络科技有限公司：红海里的"轻"和"快"

（一）公司基本情况

杭州遥望网络科技有限公司（以下简称为遥望网络）成立于2010年11月，主要业务领域也从PC端时代的各大互联网厂商的广告代理变更到移动端的游戏营销，再发展为移动社交电商。遥望网络是国内领先的综合性数字营销服务提供商之一。2015年，遥望网络入驻梦想小镇，同年12月在新三板挂牌上市。2019年3月，遥望网络成功入选"杭州准独角兽榜单"。遥望网络以"科技简化工作，产品美化生活"为愿景，通过自研数字营销服务平台及产品体系构建，深度整合互联网及移动互联网端媒体与内容资源，为个人与企业用户提供优质的数字内容服务。

（二）成功经验

1.创始人创业特质

遥望网络创始人谢如栋学的是计算机专业，很喜欢互联网，在求学的那个年代也正是互联网快速增长的时期，所以他很早就萌生了互联网创业的想法。谢如栋的创业经历非常丰富，具体有：2001年，谢如栋在大学一年级就开始创业，和同学一起在杭州高校卖运动鞋；2005年，谢如栋开发搭建银饰品电商平台，几个合伙人骑着自行车满杭州城送货；2005年毕业当年，谢如栋创办杭州掘金网络信息技术有限公司，专做分类信息网站并杀入10强；2006年，凭借创办的留贴网获得中国第一届超级站长大赛十强；2009年，创立46.com网址导航，短短几个月就做到了中国导航网站第三位；2010年，46.com网址导航被盛大边锋集团收购，同年创立杭州遥望网络科技有限公司；2011年，参与创立上饶信息产业园，并投资至今。谢如栋乐此不疲地在不同的创业领域中不断探索，在未来，遥望网络可能会进军人工智能领域。

2.不断拥抱互联网和移动互联网瞬息万变的潮流[1]

遥望网络在入驻梦想小镇以后，发展更加迅速。2014—2015年，遥望网络的业务主要是跟各大互联网公司做流量聚合的业务，即相当于把中小流量组合起来提供更大的平台。4G到来后，移动游戏的推广与分发，为遥望网络带来了巨大的市场，通过整合中长尾流量，2016年遥望网络最高流水做到16亿元，月峰值最高做到2.5亿元流水。随着微信公众号的蓬勃发展，基于微信公众号变现的模式和业务开始发力，在经过2016年半年多的测试后，2016年第四季度，遥望网络重仓以微信公众号为主的生态矩阵建设（主要聚焦于美妆、汽车、情感和读书四大类方向）。2018年1—10月，遥望网络基于腾讯生态圈流量业务的收入较2017年增长了145.31%，毛利润增长了169.23%。

随着短视频的兴起，淘宝内部商家获取流量的价格越来越高，基于短视频、明星主播、淘宝商家三者构建的人—货—场新业务模式就诞生了。遥望网络从2018年第四季度开始大力发展社交电商这一新业务，主要是通过淘宝直播、快手还有小红书，以短视频的广告和直播带货的形式提供营销和服务，主播主要是明星、淘宝主播和快手的红人，服务的商家以淘宝和天猫为主，未来可能会增加拼多多。因此，遥望网络2018年以105.23%的业绩超额完成业绩承诺。

---

① 李昂.遥望网络2018年超额完成业绩 社交电商有望成为新动能.（2019-05-29）. https://finance.sina.com.cn/roll/2019-05-29/doc-ihvhiqay2097696.shtml?cre=tianyi&mod=pcpager_fin&loc=37&r=9&rfunc=76&tj=none&tr=9.

第四节 文化创意行业创新创业案例

一、杭州妥妥网络科技有限公司：不会玩音乐的IT男不是好创客

（一）公司基本情况

Finger平台由杭州妥妥网络科技有限公司于2015年12月研发上线，专注在线音乐教育，致力于满足用户个性化乐器学习需求。Finger平台核心创业团队为天猫、淘宝、支付宝、菜鸟网络及高德导航的阿里系同仁。Finger平台的业务主要有三个方面：①满足大众的碎片化学习需求，提供跟踪式、陪伴式的在线课程。②具有一定的社交属性，用户可以参与互动，也可在社区观看达人的表演视频。③为初学者的乐器选购提供指导，并围绕乐器教学延伸出针对不同阶段的乐器推荐。Finger平台自正式上线以来，在较短的时间内获得了许多业绩和荣誉，比如收录了3万多首乐曲的电子谱库，在国内尚属首家；与滴滴出行、同程旅游等一起入围金鸣奖最佳App；2016年获文创新势力"创新潜力"奖。

（二）成功经验

1.创始人"为音乐梦而生"的创新创业精神

Finger平台创始人张桐出身音乐世家，12岁开始学习架子鼓、吉他演奏及演唱技巧，14～24岁组建过5支乐队。大学期间，张桐出过原创作品、发行过唱片、演出过百场，奖项拿了一大堆，但是徜徉于音乐海洋中的张桐，居然是计算机专业的毕业生。毕业之初，张桐并没有从事音乐方面的工作，反而做起了计算机专业的本行，成了一名"IT男"，先后供职于外企、电商公司，最后来到了电商界当之无愧的"巨轮"——

阿里巴巴。在跟随着阿里这艘"巨轮"远行的同时，张桐敏锐的市场嗅觉闻到了音乐领域契机，内心深处"不安现状"的"小宇宙"燃烧了，曾经的音乐梦想亦在耳畔不停回响。思前想后，张桐最终还是选择离开了阿里，随后于2014年9月创立了杭州妥妥网络科技有限公司。

2. 产品定位清晰

2015年3月，公司上线"蝌蚪音客"（泛音乐类产品导购社区），没多久就聚集了一大批音乐爱好者，每天的活跃用户达数千人，用户可以在"蝌蚪音客"上上传自己的演奏视频，与社区里的人互动，参与音乐相关话题的讨论，交流乐器相关经验。但是，渐渐地，张桐发现音乐领域可以做的东西太宽泛，若做得太宽泛，很难找到一个好的突破口。随后，创业团队仔细分析了大众对音乐方面的需求，发现兴趣教育、零基础教学这块是刚需，而且线上音乐教育更容易获得名师的资源以及有更低廉的学习成本，基于上述考虑就有了Finger的雏形。2015年12月，公司正式上线Finger。Finger平台现阶段的定位是"在线乐器教育＋乐器电商"，专业提供各种热门乐器（包括民谣吉他、电吉他、尤克里里、架子鼓、声乐、钢琴等）的线上课程，针对不同层次的用户，Finger平台将课程按照难易程度做了系统化编排，方便音乐爱好者自由选择。围绕乐器学习，Finger平台为音乐爱好者营造一个分享交流的平台。

3. 整合资源能力强

得益于与国内最大且最具权威的现代音乐学校——北京迷笛音乐学校的合作，以及众多名师在平台的入驻，Finger平台的发展如日中天，自正式上线一年多的时间里，用户数就增长到了近千万，这样的数字，作为赶超的"后来者"，成绩已经非常喜人。同时，公司也得到了天使投资机构和风险投资机构的青睐，先后完成天使轮融资、Pre-A轮融资、A轮融资，2018年10月，已完成1亿元B轮融资（由绿城服务集团领投、硅谷银行跟投）。

二、杭州诚一文化创意有限公司：打造中国文创产业新生态

（一）公司基本情况[①]

杭州诚一文化创意有限公司（以下简称为诚一文创）于2015年成立，现总部设在梦想小镇，在包头、北京、安徽、兰州以及杭州均设有分部，是一家致力于中国优秀传统文化研究与创意产品开发的创新型公司，主要业务有实用类文创产品设计（为博物馆、景区、企业、知识产权等提供文创衍生品策划、设计、生产等一体化的专业服务）、品牌视觉形象设计（品牌形象策划、吉祥物、VI设计、导视系统设计等）、农副产品创意策划（农副产品原材料的新品类策划设计、产品升级设计等）、文化礼品的定制（公司自营的礼品，满足政府、企业的礼品定制需求）。诚一文创以设计思维为驱动，以传统文化及地域文化元素为依托，结合现代科技和工艺，设计出具有地方属性的特色文创产品。

诚一文创专注于"文创＋互联网"，擅长深度挖掘文化内核，将传统文化元素以现代主义表现，以符合现代人的审美方式诠释传统文化精髓，让厚重的文化年轻化、时尚化、生活化及产业化；其完善的供应商体系，能在最短的时间内帮助客户完成样品和生产的服务；拥有完整的设计产业链，能满足客户的任何设计需求，涵盖产品、品牌、陈设、室内、环艺、景观、民宿、规划等方面；整合多元化的媒体资源，以利于项目方的宣传推广。诚一文创旨在用创新的设计理念、敏锐的洞察力和对文化艺术的执着追求，构造有特色、有底蕴的文创行业新生态。

（二）成功经验

1.创始人创业特质

诚一文创创始人谈李辉在学生时代就是一名热爱中国传统文化的艺术生。在浙江科技学院本科毕业后，他受导师的推荐前往深圳华为，后

[①] 诚一文创官网:http://www.chengyit.com/gsjs.

又辗转上海，最终又回到了他满是青春记忆的杭州。这期间，谈李辉经历了设计公司的锤炼、企业的打磨，取得了骄人的业绩和重量级的荣誉，比如谈李辉设计的"如意U盘"，曾单年销量高达5000万，成为行业标杆，至今仍被多家企业模仿；他曾参与国家"863"重点项目城市优质饮用水示范设备的研发设计；2014年，他带领团队成为中国网球公开赛文化礼品指定设计生产商；2016年，他获选原文化部文化产业双创人才库重点扶持人才，并参加中央文化干部管理学院研修学习。凭借努力和业绩，谈李辉从普通设计师迅速成长为主创设计师、设计总监，最终成为合伙人。虽然看似顺风顺水，但谈李辉一直苦陷于国内工业设计行业非良性发展的环境中。在多年工作实践中，谈李辉一直在思考如何将他心中热爱的中国传统文化与艺术设计专业相结合。于是，诚一文创就诞生了。

一开始，诚一文创落户在西湖边，依托于中国美术学院，主要为客户提供产品及品牌设计服务。2017年，在诚一文创入驻梦想小镇之后，为了公司的全面发展，谈李辉在创业团队建设、公司架构完善方面下足了工夫。此时，诚一文创已经不只是单纯的设计公司了，开始转向自主设计和销售文创产品。当前，谈李辉的创业团队主要有7个人，以经验丰富的设计师为主。他们共同运营着多个重要项目，其中就包括故宫、鼓浪屿、外文博物馆全品类文创产品的设计。同时，谈李辉个人又取得了更为令人钦佩的佳绩，比如2017年，他入选国家艺术基金长三角地区历史文化名村名镇文创设计人才资助项目，主导设计《爵·器》《青山望水》(被国家艺术基金永久收藏)；2018年，谈李辉先后获选国家艺术基金青年艺术创作人才滚动资助项目和杭州市工业设计十大精英人物，并入选"2018年福布斯中国30位30岁以下精英榜(艺术与时尚类别)"。

2.企业富有社会责任感

诚一文创是一家富有社会责任感的企业。国内设计行业，特别是工业设计行业，校企脱节现象屡有发生。企业的产品设计大多是在网上找一些图片，然后让设计师在图片的基础上"改头换面"，这样既是对设计师的不尊重，也是对产品的不尊重。诚一文创出品的每一件产品都包含着设计师一年甚至两年的心血，比如《爵·器》，经历了近两年的研发、推敲、设计、打样，最终被原文化部领导认可肯定、被国家艺术基金收藏。

一方面，诚一文创希望通过团队的努力，营造新的文创产业生态，开发出更多富有中国传统文化内涵的文创产品。在未来，也能实现文创产品的模块化，根据文创展厅或店铺的大小，推出系统性的模块产品，从而能够缩短每个项目的产品的研发周期，同时能够提升迭代速度。另一方面，诚一文创与多家高校合作，接收高校在校生实习，锻炼他们的实际案例设计能力。设计类的学生在学校里面学习的内容往往不能很好地与实际设计工作相结合，会出现知识与实践操作不衔接的情况。而在诚一文创实习的很多学生，还没有毕业的时候，就已经有了自己设计的投放市场的量产化产品。

3. 梦想小镇的政策支持

2017年，诚一文创创业团队参加梦想小镇举办的阿里巴巴"诸神之战"全球创客大赛，并最终进入半决赛，同时与入驻梦想小镇的"杭报第七空间"结识，有了更深入交流合作的机会。在进一步交流之后，谈李辉的诚一文创与"杭报第七空间"一拍即合，随后，诚一文创就正式入驻梦想小镇的"杭报第七空间"。2018年4月，诚一文创通过创业先锋营大赛，入围梦想小镇"金钥匙"项目。在梦想小镇，诚一文创从牵手"杭报第七空间"，到参加创业先锋营，再到成为"金钥匙"项目，享受着梦想小镇各方面的优惠政策，切实感受到"我负责阳光雨露，你负责茁壮成长"的创新创业环境和氛围。诚一文创在梦想小镇的支持下正在茁壮成长。

第七章

国外创新创业小镇与众创空间案例

第一节 国外创新创业小镇案例

创业小镇是知识、技术、人才集聚，产学研一体化的科技资源开发区域。随着科技创新产业高速发展，不少国家都诞生了类似创新创业小镇的科技创新园区，从而让个人、科技企业、大学和研究机构能够在园区内共同创新创业、集聚发展。这些科技创新园区的形成主要可以分为以下几类：第一类是自下而上由市场主导形成的，第二类是自上而下由政府主导形成的，第三类是由上述两大主导混合驱动形成的。

一、自下而上由市场主导的创新园区

（一）美国硅谷

世界上第一个创新园区起源于20世纪50年代，就是现在美国的硅谷。美国硅谷是目前世界上最具创新能力的高技术产业集群，位于加利福尼亚州北部，旧金山湾区南部，这里孕育了一大批如亚马逊、英特尔、惠普和思科等久负盛名的高科技公司，集聚着一大批如微软、网景、雅虎、瑞森、IBM等世界知名企业。硅谷最早研究和生产以硅为基础的半导体芯片，因此得名。

一个世纪之前，这里是一片果园和葡萄园，但是自从国际商用电器公司和苹果电脑公司等高科技公司在这里落户之后，这里就成了一座繁华的市镇。1951年，世界上第一个大学科技园——斯坦福研究园诞生，后来这里被人们称作"硅谷"发源地。硅谷中除了斯坦福大学之外，还有加州大学伯克利分校和圣克克拉大学以及相关研究机构，以斯坦福为代表的高校及科研机构与当地的产业界合作开展了大量的科研项目，产学研一体为硅谷高科技创新活动提供了持续的动力。

在20世纪60年代，硅谷借助美国国防部采购基金的专项支持，成立了微电子公司，60年代后期发展成为航天工业和电子工业中心。到了70年代又发展半导体技术，使得半导体工业成为硅谷经济中最大的一部分，同时大力发展风险投资，建立社会融资网络，完善了自我支持的金融系统。20世纪80—90年代，随着信息产业和软件产业的兴起，计算机工业一跃成为该地区最重要的基础产业，软件产业又进一步取代硬件制造业成为推动硅谷发展的主要力量。目前，美国成立的100家最大的科技型企业中，硅谷拥有三分之一，每年对外出口的电子产品都超过美国电子产品出口额的30%。

可以说，硅谷是美国创业型经济发展模式的典型。硅谷模式的特点是以大学或科研机构为中心，产学研结合，将科研成果迅速转化为生产力或商品，整体形成一个高技术综合体。硅谷模式可分为"区域经济发展模式""地区文化和竞争优势模式"以及"创业栖息地模式"。硅谷模式的成功是多种因素共同作用的综合结果，而并非简单的"科技园区＋风险投资＋大学＝硅谷"。拥有大型研究机构、大型创业公司、人才、风险资本、基础设施、正确的观念等要素才是硅谷得以成功的保障（冯朝军，2018）。

首先，风险资本为硅谷企业孵化提供了强有力的支持。硅谷从中后期到当下的发展都主要依靠风险资本的支撑。风险投资具有孵化器的功能，硅谷的企业则提供管理等增值服务。硅谷不仅建立了与风险投资相关的健全的法律制度，高效运作的风险资本市场，以及多样化的中介服务机构，还建立了连接政府与风险投资机构、国内风险投资家与外国投资家和外国金融机构交流业内信息的桥梁，规范了同业经营行为的自律组织。

其次，硅谷以崇尚竞争、高速更新的创业环境享誉全球。硅谷提供一种一应俱全的创业模式，周边顶尖大学与企业紧密连结、交流，配合多样的创业投资渠道以及大大小小的各类高新科技周边产业支撑，来自世界各地的卓越科学家、工程师如潮水般涌入硅谷。在硅谷，许多创新都发生在那些看上去既无技术力量又无资金的创业企业身上。

同时，完备的法制环境为硅谷的创新和发展保驾护航。美国硅谷成功的经验，吸引了世界各国和地区竞相推行类似的科技园区，但成就却一直无法超越硅谷，其中的主要原因在于，忽略了硅谷成就背后的规范化法律体系。针对硅谷等科技创新园区，美国政府先后出台了一系列旨在保护中小企业利益的法律条款。同时加州的法律环境更为宽松，硅谷的社会经济体制和法律环境优势更为明显，如硅谷有关商业保密的相关法律远不如其他州严格，更有利于人才流动和信息交流，极大地增强了硅谷的活力。

此外，美国政府还成立了一系列为创新创业企业提供服务的机构（马红丽，2017），如联邦小企业管理局（SBA）、小企业发展中心（SBDC）等。这些创业服务机构能够提供创业培训和咨询、指导企业起草商业计划书、为企业提供必要的管理技术、与银行合作为企业提供担保贷款等。此外，美国各州、郡、市等也为创新创业企业提供了必要的服务通道。

从硅谷的发展过程可以看出，它的发展主要是充分集聚了创新创业所需要的资源，在相关法律体系的保护下，建立了特色鲜明的区域创新网络，通过人才、资金和技术在本地的良性互动，使得该地区的高技术产业与区域经济能够协调发展，最终成为世界上最成功的高技术产业开发区和知识经济的发源地（图7.1）。另外，该地区所成立的大量的风险投资公司与完善的金融体系，以及大量的正式和非正式的行业协会也对硅谷地区的经济发展起到推波助澜的作用。

图 7.1　美国硅谷企业分布

（二）英国剑桥工业园区

被誉为"欧洲硅谷"的英国剑桥工业园区，是模仿美国硅谷的发展模式建立起来的高科技园区，但它所走的道路又和美国硅谷不尽相同。1969年，英国政府呼吁大学和工业界进行联合，鼓励双方的产学研合作，剑桥大学便开始筹备建立剑桥工业园。园区建成之后，在20世纪70—80年代得到高速发展，但是由于20世纪90年代末期英国经济的衰退，剑桥地区高新技术产业发展放缓；从1993年开始，剑桥工业园带动周边地区再次出现增长的势头；到了2000年，剑桥地区就产生和聚集了1200家高新技术公司，从业人数超过35000人，年贸易额达40亿英镑。

该地区充分利用剑桥大学在物理学、生物科学和信息科学等领域的人才优势，集中了大量的高技术公司，其中50%以上的高技术公司与剑桥大学保持着紧密的联系，进行人才与技术资源等多方面的合作，主要从事计算机软件和硬件、电子元件与科学仪器设备的研发与生产，同时还发展生物医药、能源化工和空间技术等方面的科学研究（董芳，2002）。像美国硅谷一样，经过30多年的发展，剑桥工业园吸引了一大批如诺基亚、甲骨文、施乐、微软和日立等大型跨国公司的研究基地和研究所。

从剑桥工业园取得成功的发展经验可以总结出：首先，剑桥大学在园区的发展壮大过程中功不可没，为园区的人才培养、技术研发和成果转化等多方面做出了突出的贡献；其次，比较完善的金融服务体系也为园区内广大科技型中小企业的发展提供了资金保障；再次，健全的劳动力市场和人事制度也为园区内企业的发展提供了人才保障和智力支持。另外，配套的专业化服务机构也为园区内企业的健康成长提供了良好的发展环境。

近年来，英国政府为鼓励"双创"，支持成立了创客空间，为创新创业实践提供有利场所。不仅如此，英国政府还加强了对青少年的创新教育，在中学课程中设立计算机技术课程，培养青少年的创造能力。英国政府还与银行合作设立了针对青少年创客的扶持基金，鼓励青少年创新创业。在资金支持方面，英国政府相继设立了创新券、协同研发基金、产业集群扶持基金、创新催化基金等扶持基金，为创新型企业提供了多样的融资渠道，为创新创业提供优越的资金环境。在政策扶持方面，英国政府出台了"知识转移网络""知识转移合作"政策（冯朝军，2018）。这两项政策致力于推动企业形成创新联盟，加强科研机构与企业的合作，促进科研创新成果向企业的转移，从而加快科研成果的产业化与市场化。

此外，英国政府借鉴德国经验，也推出了"创新助推器计划"，在城市建设富有活力的创新创业生态体系。2010年，"创新助推器计划"开始实施，在国家级创新网络——"创新助推器"的推动下，多样化创新创业资源汇聚、整合、转化。这项计划为城市创新创业生态体系中各种组织提供了信息共享与交流的平台，促进城市创新创业生态体系完善与发展。

（三）英国苏格兰高科技区

苏格兰高科技区位于英国苏格兰中部地区，被称为苏格兰硅谷，甚至被称为欧洲硅谷，包括格拉斯哥、爱丁堡、斯特灵、利维斯顿、邓迪等地。它是英国高科技产业的中心，聚集了皇家科学院的科研机构和400余家高科技企业，生产了英国80%的集成电路和50%以上的计算机及软件和附件产品。

（四）瑞典基斯塔科技园

基斯塔科技园位于瑞典斯德哥尔摩北部，被称为瑞典硅谷，主要创新产业为电信业，吸引了微软、英特尔、摩托罗拉、惠普、康柏、西门子和诺基亚等一大批高科技和电信产业的巨头企业。

二、自上而下由政府主导的创新园区

（一）德国多个高科技工业园区

2008年世界经济危机后，德国从危机中迅速恢复，成为欧洲第一、世界第四的经济大国。德国在发展经济过程中，十分重视创业企业以及科学技术创新成果的产业化、市场化。经过德国政府几十年的不懈努力，如今已初步形成了较为完善的企业扶持政策、法律法规和发展激励措施。

首先，德国建立了政府资助与多样化融资渠道。德国政府主导制定了多项由多主体参与的创业激励计划，对高校、中小企业等主体提供政府资助，促进科学研究以及科研成果的产业化。其中，较为典型的"中小企业创新项目"计划在新兴科技等诸多领域均提供政府资助，激励了相关领域自主创新（马红丽，2017）。德国政府所提供的项目资助能够支持约50%的技术创新过程，且即使项目失败也无须偿还，最大限度地鼓励创新。德国政府除了在研究与开发上提供大量资金，还构建了全面的金融服务环境，为创新创业生态体系建立了多样化的融资渠道。政府主导设立了高科技创业基金，在风险投资方面为创新型企业提供充足的资金支持，并且对企业设定的偿还期限也较为宽松。

其次，德国建立了完整的企业孵化体系。德国通过多年的经验积累，建立了成熟有效的企业孵化体系，主要包括三大模块：为初创企业提供服务的孵化器、促使技术产业化的加速器以及推动产品市场化的产销渠道。如作为加速器的第三方项目管理服务商，这些机构与政府或者基金公司会签订合同，履行对创新项目进行评估、对项目质量进行控制以及对项目产品进行推广等职责。这些机构要对分管的项目团队进行监督，通过项目团队提交的进度报告控制进度，并定时对这些项目团队进行视察和访问。此类管理机构的专业性，避免了政府与创新项目团队在直接沟通时出现专业差距，也避免了政府直接监管容易出现的疏漏，在政府与创新项目团队间架起沟通的桥梁，防止了政府的过度干预。

同时，德国建立了持续发展的创新创业生态体系。德国的创新创业取得成功的关键是将高校、研究机构、中小企业、大企业和孵化器等这些相互关联的创新主体聚集起来，建立了系统完整、各部分协调运作的创新创业生态体系。德国的"萨克森硅谷"和柏林州"Adlershof科技园"都建立了较为完善的创新创业生态体系。"萨克森硅谷"的形成得益于基础强大的工业，比如汽车工业、机器制造业，并在此基础上与微电子、软件开发等新兴行业相融合，将传统工业推向新的高度。"萨克森硅谷"目前已成为欧洲最大、全球第五的微电子及信息与通信技术集群，约有2100家公司的51000多名员工分别从事开发、制造和销售集成电路产品，或作为芯片行业的材料和设备供应商，生产、销售以集成电路为基础的集成电路和产品，或是开发和销售软件产品。"Adlershof科技园"也是享誉欧洲的科技园区，形成了"五城联动"的生态体系，包括以光伏和可再生能源等产业研发体系为主的科技城、以洪堡大学科技类院系为主的高教城、以原东德广播电视台为基础的传媒城、由柏林创新中心等孵化器聚集的创业城，以及以建筑节能和能源转型为核心的柏林州未来城（徐振强，2016）。

此外，完善科研体系也必不可少。德国的科研体系中既包括高校、科研院所，也包含自发形成的非营利性社会组织，这些非营利性社会组织，包括亥姆霍兹国家研究中心联合会（HGF）、莱布尼茨学会（LG）等学会，它们也承担了大量的科研创新活动。这些科研型社会组织与联邦政府、州政府及企业签订科研创新合同，承担有关科学研究项目。

图 7.2　德国最成功的高科技产业园——Adlershof 科技园

（二）印度班加罗尔地区产业集群

班加罗尔位于印度南部，是卡纳塔克邦的首府，是拥有500年历史的古城。20世纪90年代初，印度政府制订了重点开发计算机软件领域的宏观规划。在各级政府的支持下，1991年班加罗尔地区建立了印度第一个计算机软件技术园区，经过了短短20年的发展，班加罗尔从一个人口500万的普通城市，发展成为印度软件产业集聚地，是全球第五大信息科技中心和世界十大硅谷之一，这里汇集了CISCO、IBM、摩托罗拉、微软、英特尔、惠普、康柏、西门子等世界上著名的跨国公司研发中心和产业基地，吸引了大量留学归国的高素质软件开发人才。

班加罗尔是世界上高新技术产业集群中成功的范例（图7.3），其迅速崛起的原因主要在于：首先，印度政府和卡纳塔克邦地方政府大力支持，实施优惠的税收和财政政策，创造了优越的创业环境，吸引了大量高科技人才来此创业；其次，该地区拥有完善的信息技术教育培训体系，汇集了大量优秀的技术和管理研究机构，为该地区信息产业的发展输送了源源不断的高素质人才（蓝庆新，2008）；此外，该地区实施严格的质量管理，采用美国的软件产业质量管理体系和标准，得益于此，大多数的软件公司都通过了ISO9000国际质量认证，赢得了国际社会的一致好评，为该地区产业集群的可持续发展奠定了扎实的基础。

图 7.3　印度班加罗尔地区产业集群

（三）俄罗斯新西伯利亚科学城

新西伯利亚科学城坐落在俄罗斯新西伯利亚市郊一片莽莽的林海之中。新西伯利亚科学城是俄罗斯科学院西伯利亚分院的通称，始建于1957年，目前拥有自然科学等30个综合科研实体。俄罗斯政府修建科学城的重要任务是保持自然风貌，正因为如此，科学城保留了大片的森林。几十年来，它在俄罗斯东部地区的经济发展中发挥了巨大的作用。

（四）新加坡国家高科技园区

新加坡国家高科技园区于1984年建成，离首都新加坡市中心8公里，占地108公顷，是亚洲国家中比较成熟和最先产生经济效益的高科技产业开发区。目前，该园区已有40余家公司，科研人员10000余名，主要从事生物科技、微电子、机器人等方面的研究开发工作。税赋优待、优秀的劳工和高度的效率为新加坡国家高科技园区不断发展壮大提供了持续的动力。

（五）意大利蒂布尔蒂纳国家高科技区

蒂布尔蒂纳国家高科技区位于意大利首都罗马的东北部，主要从事通信卫星及其地面站设备的研究与开发，产品全部供应国际市场，迄今已为世界各国生产62颗通信卫星和74座地面站系统。该园区的塞莱尼亚集团拥有9家大公司、16家工厂，是意大利电子工业的龙头企业。

三、由政府、市场共同主导的创新园区

（一）法国索菲亚科技园

法国索菲亚科技园（图7.4）是欧洲最大的科技园区，位于法国里维耶拉，邻近尼斯国际机场，风景非常秀丽，气候适宜。索菲亚科技园建立于1969年，聚集有1000多家高科技研究机构，如德州机械、西门子等。

法国政府十分重视"双创"，在法律、环境、融资、产学研等方面都加强了引导。首先，在法律制度保障方面，法国于1999年出台《创新与研究法》（Law on Innovation and Research），为初创企业和科研成果的产业化、市场化提供了法律依据（马红丽，2017）。《创新与研究法》以法律的形式打通科研成果由科研人员向企业转移的渠道，加强了科研机构与企业之间的合作，并规定了创新企业的税收待遇。

其次，为促进创新创业，法国建设了完善的企业孵化环境。法国拥有公立和私立的企业孵化器，并为孵化器提供大量的资金支持，促进孵化器实现市场调查、战略咨询、技术指导、管理培训、融资帮助等多项职责，促进科研成果的产品化。企业苗圃由国家、地区、商会、大公司、金融机构、科研机构等共同建立。孵化项目一旦成型，企业苗圃就会介入，帮助该项目迅速创立公司，推动初创企业的建立。

再次，索菲亚科技园能够为创新型企业提供免税待遇及较低的专利费用，为企业营造良好的规模化环境。在融资渠道方面，法国政府也为创新型企业提供了多种形式的融资渠道，包括创新项目资助、创新型企业启动基金、小企业创新贷款基金、中小企业技术创新投资等。其中，中小企业技术创新投资是由法国技术创新局（ANVAR）主导实施的，目的是通过投资中小企业的技术创新，为各行业的科研成果的产品化和市场化提供方便。如科研资助的对象是个人，项目资金可无偿使用；如资助对象为拥有知识产权、财务状况良好的中小企业，则其可以获得技术

创新资助，等创新项目获得成功，再偿还资助。

此外，法国技术创新局、地方政府还可入股创新型中小企业，高校也可凭借知识产权入股企业。在产学研结合方面，法国积极整合产学研三方资源，完善创新创业生态体系。法国通过科研创新网络，将科研院所与科研社会组织联合起来，共同研究与开发重点项目，满足经济领域对新技术的需求。法国将在地方建设国家科研机构，在国家资金的支持下，与企业联合创新。法国还建立了技术转移扩散中心，为教育与研究实体的结合提供专业化的服务，并在大学内部也成立负责职业化培训的专门机构。

图 7.4　法国索菲亚科技园

（二）日本筑波科学城

第二次世界大战之后，日本的高科技中小企业始终把科技创新视作企业的生命，将科技创新作为提高自身市场竞争力的最主要手段，这使得日本国内的高科技产业集群得到了迅速的发展。在日本的高科技产业集群的发展过程中，筑波科学城的建设和发展备受关注。筑波科学城是日本科学研究的中心，成立于1963年，坐落在离东京东北约60公里的筑波山麓，距东京成田国际机场约40公里，总面积284.07平方公里，现有人口约20万。筑波科学城在20世纪80年代已经初具规模，其科技进步对日本GDP增长的贡献率达到60%。

自20世纪90年代起，日本政府开始推出新的"科技政策大纲"，将高科技产业列为发展重点，并且实施财政补贴、税收减免和信贷优惠等行政和经济政策，大力扶持广大科技型中小企业的成长和发展，重点对电子信息、生物工程、新材料等领域的产业实施优惠税制与资产折旧补贴制度，对重点产业领域的企业所进行的技术研发活动给予资金补助。此外，日本政府在筑波科学城内建立筑波大学，为各个研究机构输送了大量优秀后备人才，并以之为中心，培育大学与产业之间、科学城内各研究机构之间的合作关系，将筑波构建成为一个综合的研究型都市。

此类高科技创新企业的发展主要依靠人才、技术与资本的有机结合，因此普遍具有以下特点：首先，企业非常重视员工的职业素养与技能掌握，会定期提供相关培训课程，培养员工的素质、提升员工的能力；其次，企业会因人而异、有针对性地对不同员工采取不同的激励措施，为员工构建和谐温暖的工作环境，形成企业内部积极健康的人际关系网络；同时，企业能够得到政府提供的金融支持，数据表明，90%以上的创业企业在初创期主要依靠政府金融机构贷款来实现立足和发展，日本政府会鼓励地方银行对本地中小企业提供相关服务，近年来，一些大银行也开始注重对中小企业的贷款业务；此外，高科技创业企业的发展还得益于政府多元化的管理模式，政府成立了多个中小企业管理机构，与各种民间社团一起对高科技创业企业进行管理和引导（冯朝军，2018；马红丽，2017）。

从日本筑波科学城等科技型创业集群的发展可以看出：日本的高科技创业集群是一种以创新性高技术企业为主体、以知识和技术密集型产业和产品为内容、以创新网络和商业为依托的创新模式。同时，产业集群在发展过程中，以高科技服务中介机构为枢纽，通过中介服务机构的有效运作，保障集群内的高等院校、科研院所与广大的高科技企业之间的技术转移、专利转让等活动顺利开展，从而为新技术在产品研发和生产过程中的应用与调整提供切实途径。此外，产业集群相当注重高层次人才的培养、引进与合理流动，从而打造高水平的技术研发团队，有效促进了高科技产业集群内新产品和新技术的研发、试制以及技术转移，为产业集群的健康发展提供专业化的人才保障。

（三）加拿大卡尔顿高科技区

卡尔顿高科技区位于渥太华西部，集中了近400所大学、科研机构及高新企业，主要汇集了半导体、计算机及网络、光纤通信、激光、空间与军用技术等产业，是加拿大的科技核心区，被称为"北硅谷"。这里原是渥太华河南岸美丽的谷地，如今，350多家大中小高技术企业各具特色的建筑群把绿色的谷地装点得更加诱人。

（四）法国格勒诺布尔科技园

格勒诺布尔科技园被称为"法国硅谷"，这里不仅是法国知名的大学城之一，而且还拥有世界上最大的纳米技术园区，近年来以高科技为发展重心。它是法国高能物理和电子技术的研究中心和开发基地，拥有8000多家研究、制造高能物理和电子产品的科研机构和企业。

第二节　国外众创空间案例

众创空间（Makerspace）是一种配备工具的社区中心。它为社区提供了制造设备，并为社区成员进行必要的培训，帮助他们利用现有资源进行设计、建模，并制作出那些无法靠个人力量完成制作的作品。众创空间可以是一群有相同兴趣的人互相分享空间和工具的兴趣团体，也可以是商业公司或非营利公司，还可以是学校或图书馆等附属组织。虽然其组织形式各不相同，但所有类型的众创空间都致力于整合制造设备资源、形成社区，并开展相关培训等活动（徐思彦 等，2014）。

在10多年前，国外Fab Lab、Hackerspace、TechShop等各种形式的众创空间就已经逐步形成，对科技创新产生了深刻的影响（马骏，2016）。众创空间近年来在世界各地发展迅速，尤其在欧美，美国政府2012年宣布引入1000个"创客空间"进学校；奥巴马政府2014年确定

6月18日为"国家创客日"，部署创客运动等一系列举措。经过多年的发展，国外众创空间发展模式已较为成熟，目前有近2000个众创空间，分布于120个国家及地区，其中美国、欧洲各占40%左右。因此，本节着重对国外不同地区众创空间的运作和发展模式进行介绍和总结。

一、全球连锁的众创空间

（一）Fab Lab

1.基本概况

Fab Lab即微观装配实验室（Fabrication Laboratory），是美国麻省理工学院（MIT）比特与原子研究中心发起的一个制造产品和工具的小型工厂（图7.5）。Fab Lab的最初灵感来源于Neil Gershenfeld（尼尔·格申斐德）教授于1998年在MIT开设的一门课程——"怎样能够创造任何东西"，这很快成为他最受欢迎的一门课。没有技术经验的学生们在课堂上创造出很多令人印象深刻的产品，如为鹦鹉制作的网络浏览器、收集尖叫的盒子、保护女性人身安全的配有传感器和防御性毛刺的裙子，等等。学生们为此兴奋不已，这种满足人们自由创造需求的理念，也逐渐成为Fab Lab的目标。

图 7.5　Fab Lab 众创空间

学生们从事创新活动的热情使Gershenfeld教授受到了鼓舞。Gershenfeld教授认为，与其让人们接受科学知识，不如给他们装备相关的知识以及工具，让他们自己来发现科学。随后，第一间Fab Lab于2001年在波士顿建立。第一间Fab Lab由美国国家科学基金会（National Science Foundation）拨款建造，旨在提供完成低成本制造实验所需的环境。在Fab Lab中，用户能够亲手创造自己想象中的事物。

2.运行机制

Gershenfeld并不仅仅只想在美国实践Fab Lab的理念。实际上，Fab Lab与不同文化、不同技术成熟度背景下特定需求碰撞出的火花可能更具价值。目前，全球已经建立了30家遵循类似理念和原则的实验室。第一家国际Fab Lab建立在哥斯达黎加。截至2008年，挪威、印度、加纳、南非、肯尼亚、冰岛、西班牙和荷兰等国家都相继建立了Fab Lab，并且加入了Fab Lab的全球网络。随着Fab Lab网络的延伸，个人创意、个人设计、个人制造越来越深入人心，进一步引发了全球创客浪潮。

Fab Lab是一个快速建立原型的平台，用户通过Fab Lab提供的硬件设施以及材料、开放的源代码软件和由MIT的研究人员开发的程序等电子工具来实现他们想象中产品的设计和制造。目前组建一个Fab Lab大约需要2.5万～5万美元的硬件设施和0.5万～1万美元的维护与材料支出费用。每个Fab Lab的开发过程、创新成果也并非独立的，而是在整个Fab Lab网络中通过各种手段（如视频会议）进行共享。

Fab Lab所提供的技术环境涵盖开发的全流程：从设计、制造，到测试、调试、监控和分析，再到文档整理。尽管有一个基本的工具库作为基础，但根据特定需求充分利用特定环境下的资源和工具同样重要。因此，Fab Lab也为用户提供了制造所需工具的能力，用户可以在Fab Lab的技术环境里自行创造实验过程中所需的特定用途工具。

每一个Fab Lab会配置一台或多台个人计算机，这些计算机用来整合实验室中的其他工具。CAD/CAM软件、二维或三维的机械设计，电子电路的建模、仿真和数据分析，印刷电路板（Printed Circuit Board，PCB）

的布线设计，针对其他工具的接口设计和编程，以及出于交流和信息检索目的的网络发布和文档整理，这些工作都离不开计算机。

此外，为了向Fab Lab用户群提供封装好的工具，MIT媒体实验室的草根创新小组（GIG）提供了"罗汉塔"系统——旨在实现辅助设计和加快商业电子系统原型构建的可扩展、模块化的计算结构单元。"罗汉塔"由若干不同的基本功能模块构成，包括中央处理器和一系列加在它上面的功能电路板，涵盖传感、触发、数据存储、通信、多媒体展现等功能。

用户不仅可以利用"罗汉塔"设计并开展自己的实验活动，而且也能构建自己的工具，例如低成本的示波器、简版的个人计算机以及机床的控制系统。拥有了构建工具的能力，用户不仅可以通过增加新的功能模块扩展系统，而且还能够真正地重建系统，甚至设计更加复杂的全新硬件系统。因此，"罗汉塔"系统本身就是一个对Fab Lab研究和实践活动精神的完美诠释，即"利用Fab Lab设备制造出新的Fab Lab设备"（Things that make things）。

3.运行理念创新

个人制造是Fab Lab理念的主旨，需强调将Fab Lab的创新重新应用于Fab Lab的开发环境中去（尹煜，2015）。现有的Fab Lab在使用部分现成的商业制造工具的同时强调自行开发，不断通过个人创新来扩充Fab Lab的软硬件设备。如Roland公司的高精度数控铣床、切割机和车床既可由标准的商业软件控制，但同时Fab Lab研究组也开发了自己的应用软件 CAD 和 CAM。定制的软件工具提供了更大的设计空间，不仅能够使用户制作绝大多数二维或三维的实物，还将高精度铣床改装成了用于自制印刷电路板（PCB）的工具，极大地缩短了简单单面或双面表面贴装PCB的设计周期，也明显缩短了一项创新从设计、制作到调试的总时间。另一个例子是目前研究人员正在进行通过数控铣床制作"自制精密数控铣床"的研究，这项研究一旦成功将意味着今后从一台精密数控铣床开始，就可以大量复制自制的精密铣床，从而实现硬件设备的"自我复制"。

Fab Lab研究组非常重视设计和制造能力，以及硬件设计的重要性，这是实现个人制造的重要一环，例如印度的软件开发已经取得了巨大的成功，但硬件开发却仍遭遇瓶颈，Fab Lab制造电子电路的能力可作为一种突破瓶颈的途径。电子制造过程很难脱离他人而独立进行，这是由于芯片和一些元器件由于较高的制作工艺无法独立制作，但PCB的制作和元器件焊接可在Fab Lab内完成，这也将极大地降低成本和节约开发调试时间。

Fab Lab的设备具有极强的灵活性。MIT物理与媒体组研究人员Esa Masood（埃萨·马苏德）开发了一种廉价的射频分析器。在小批量生产的条件下，其成本也只有1250美元（大批量生产还可降低100美元的成本）。射频分析器可测量10Hz到300MHz的阻抗，通过测量介电常数而获知物质特性。使用这一技术并正在探索中的应用包括牛奶脂肪含量的分析和邮政信件包含物的分析。另一位研究人员Kenneth Cheung（肯尼思·张）在Fab Lab中设计并测试了抛物天线。在设计过程中，他利用Fab Lab软件CAD/CAM对天线抛物面的数学描述和对机器的精确控制，最终能够设计出从几厘米直径到几米直径的木质支架抛物天线，且设计制作周期极短，充分发挥了个人制造"灵活快速"的特点。此外，物理与媒体组的其他相关研究也借用了Fab Lab的设备来进行创新。如Internet项目的研究在初期很大程度上依赖于Fab Lab能快速制作印刷电路板的特点，这使得研究的调试和测试工作变得快速而方便。

Fab Lab开发的全过程需要以技术文档记录以方便知识与创新的激荡、传播和分享。思考圈（Thinking Circle）的理念也使文档整理更加方便。在MIT的Fab Lab中心，有专门的Fab服务器用于提供核心的技术支持；开源的版本控制软件Git也被引进Fab Lab体系，用来控制庞大开发项目的文档、代码同步。Fab Lab的用户可以利用计算机、扫描仪、照相机将创新设计在思考圈子传播，并得到他人的建议和评价。Fab Lab之间往往通过频繁的视频会议互相联系、共享，通过核心能力的共享使得使用者和项目也成为共享的资源。致力于促进世界各地Fab Lab人员互动交流而配套的 Fab Academy（制造学会）也正在快速建设当中，这可以进一步推动 Fab Lab 圈子的发展（宋刚 等，2008）。

4.拓展路径

从 Fab Lab 的发展经验来看，其在美国本土之外的很多发展中国家反而焕发出了更强大的活力。Fab Lab 不仅能够帮助用户设计并最终实现所需的对象和工具，更能为草根科技创新发展贡献力量，使社会在其文化背景下以自身速率发展成为可能。2002年夏天成立的哥斯达黎加技术研究所（TEC）是第一个国际 Fab Lab，它将网络自主学习（LIN）的理念引入了哥斯达黎加。发展中国家通常实践着别的国家和地区基于自身目标而设计的技术。LIN 的建立将改变这种现状，它将帮助发展中国家的大学、基金会、公司和非政府组织增强针对自身需求而发展技术的能力。

Mikhak（米哈克）教授与哥斯达黎加的大学紧密合作，致力于在技术设计方面帮助当地发展新课程、研究计划、技术构架和实施策略。LIN 的核心团队把关注点放在了与哥斯达黎加当地低收入农村相关的项目上。参与 Fab Lab 的学生利用"罗汉塔"技术构建了自己的无线环境监测模块并应用于农业种植，也发明了用于皮肤病检查的便携式医疗设备。同时，LIN 也使当地的学生扩大了知识面，从而切实提高了学校物理、化学等学科的教学水平，学生们甚至自己开发了浮力教学实验。越来越多的崭新应用不断涌现。

在印度，Vigyan Ashram 的 Fab Lab 反映了这一理念带来的技术变迁和社会变迁。Vigyan Ashram 是在印度 Pabal 村旁设立的一个小型教育基地，它也是第二个国际 Fab Lab。这个基地关注实践技能的教学，旨在满足传统印度教育体制由于种种原因无法满足的需求，使学生能够在课余实现自己的梦想。由于 Vigyan Ashram 地处农村，控制成本、方便地制作 PCB 对于 Fab Lab 的正常运作非常重要。

其中的一个柴油机引擎的创新应用非常值得一提，它能够进行精确的时间计算。所有 Vigyan Ashram 的柴油机及后备电源系统的调速均不规则，而村民又买不起昂贵的商用柴油机计时器。他们使用"罗汉塔"系统进行自己的计时器原型建设，并使用Fab Lab的机床来实现。相对于负担不起的昂贵的外部资源来说，他们更希望能使用自己制造的柴油机引擎。此外，还有诸如用于更替旧打印机的齿轮的设计、牛奶成分检测计和人体血液监测仪等有趣的发明，这就是Fab Lab的用武之地。Fab Lab模型的基层解决方案即根据本地的发展水平和期望的数量进行准时的设计和生产，而这些工具正用于解决本地一些相关的棘手问题。

Fab Lab同样倡导用户根据当地自然条件的特点展开从构思、设计、研发到制作和测试的全流程创新活动。Fab Lab模式在挪威不同自然条件下催生的若干无线通信应用则是很好的例证。无线通信技术在山区被牧民们发展为"绵羊通信"装置，通过这种无线电装置不仅使牧人能够管辖超过视野范围的羊群，还能够周期性、系统性地追踪到任意一只羊从出生到出售的全过程。原理相近的技术对于海边的渔民则成为实用的"出海船只定位系统"。Fab Lab因地制宜的创新活动无疑能够带来潜在的巨大商机。

作为新加入的成员，西班牙巴塞罗那的Fab Lab正探寻一个新的发展模式。即在Fab Lab中开设教育项目，使Fab Lab学员在尽情发挥想象、设计、制造的过程中体验自主学习的愉悦，同时通过授予学位提高学员的社会竞争力。这是Fab Lab一直强调的其"社会外延"的另一种新的表达方式。

（二）wework

1.基本情况

wework联合办公空间在2010年创立于纽约，是一家提供办公场地租赁服务的房地产公司，也是颇受全球创业创新者欢迎的众创空间品牌。wework不仅提供物理空间，更营造一种创业创新文化（图7.6）。2010年2月，成立仅一个月的wework便实现盈利，2015年7月估值就达到了100亿美元。wework为创业者提供廉价的共享办公空间以及社交活动、路演推介、寻求合作的机会，现已覆盖全球77座城市、287个办公地点，拥有超过26万的会员。

图 7.6　wework 众创空间

2.运行机制

wework通常以较低的价格批量租地，并将其设计建造成定制化功能配套齐全的办公空间，再出租其中的工位给创客（最低每月450美元）。wework除了会员租金和配套服务收费之外，还通过周边地价溢价、对种子公司投资等隐性回报来获利。wework管理者看到了以中间人身份向会员介绍各项服务的新收入来源，这些服务包括医疗、会计、法律和云计算。比如通过TriNet，wework帮助会员每月节约200美元的健康保险费；wework会员使用亚马逊AWS云服务提供的网络主机第一年可免除5000美元费用。

wework既欢迎只要一张办公桌的创业者，也愿意为小公司提供独立的办公空间；既可以日租，也可以一个月起租。不仅灵活，其性价比也较高，例如以色列特拉维夫的一家wework针对创业起步者的平均月租金为45美元，算上折扣最低约为30美元，而旧金山写字楼的平均月租金为每平方米64美元，足见wework的高性价比。

3.运行理念创新

wework之所以受到全球创业创新者欢迎，一个最重要的原因在于它营造了一种"有情怀的社交空间"（刘会武　等，2016）。wework不仅组织各种社交活动，包括专门的创业沙龙、创业培训；更欢迎入驻企业举办活动，不论是朋友聚会、新品发布还是服务对象的反馈会，只要提前预约都可以使用公共空间。

wework自有的社交网络也是它吸引创业创新者的重要因素，该平台有超过3万名会员。在这里，有个人、自由职业者和小型创业公司，也有美国运通、Business Insider、Merck等大公司；有在wework工作的创业者和企业，也有很多关心创业的人士，包括投资者、政府官员、跨国公司负责人等。他们在这里自由交流灵感，寻找潜在的服务对象和合作伙伴。

除了办公，wework还在去年四季度正式推出了welive的业务，提供单人或多人服务式公寓，每一个welive将配备wework办公室，并和wework一样，将空间、服务和社区价值整体呈现给用户。

wework的商业模式主要是服务成熟的小微企业和自由职业者，为这些企业提供移动的办公空间，并通过共享空间来提高空间的使用率，从而降低办公租赁成本吸引客户，也就是说，wework的商业模式基础还是租金差价（郝君超　等，2016）。wework有一个活跃的社群并互动频繁，可以通过社群互动嫁接更多的产品和服务；wework可以通过自己的平台成为供应商获取流量的入口，通过社群经济搭建平台并提供收费服务。

（三）Plug and Play

1.基本情况

Plug and Play Tech Center（或Plug and Play）既是早期投资者（Plug and Play风险投资公司）又是企业创新平台，全球总部位于加利福尼亚州桑尼维尔市的硅谷。Plug and Play专注于充当科技类企业的加速器，目前主要集中在物联网、互联网金融、健康医疗、材料与包装、媒体与移动、零售、旅游与住宿、云服务与设施这8个领域。Plug and Play除了为孵化项目提供办公空间外，还为创业项目举办交流活动，提供与风险投资、大企业对接以及导师培训等服务。Plug and Play的盈利主要来自办公场所出租、企业数据管理与维护收益、人力资源收入等。

2. 运行机制

Plug and Play每年初审的创业公司超过8000多家，最终只选出160~200个项目进行孵化和加速。以热门的金融与安全领域为例，Plug and Play一个季度大约能收到1000多家相关领域创业公司的申请，在经过数据分析、云服务安全、身份验证等方面的分析后，入围300家企业，再从中甄选40~50家，最终约20家进入Plug and Play孵化器。在其生态系统中已拥有300个企业合作伙伴和200个风险资本家。

在投资项目上，Plug and Play主要考察的除了创意，还有执行力，通常每个项目投资额不超过50万美元。Plug and Play孵化一家独角兽需要几年的时间，之所以能如此"任性"，得益于其所投资的资金全部来自公司自有资金，可以不受时间限制。Plug and Play的另一大特色在于它一体化的创业生态系统，具体包括风险投资、企业创新、创业支撑、导师辅导制、社交活动等五个方面（郝君超 等，2016）。例如，Plug and Play会为筛选出来的创业公司免费提供办公空间，包括基本的办公设施、网络、会议室、数据中心等。

除了免费提供创业场地外，Plug and Play还定期为创业者举办活动和交流。Plug and Play每年会举办超过100场活动，也就是每隔几天就会有一次交流活动。为了更好地帮助创业企业成长，Plug and Play还引入了导师辅导模式。导师团队由常驻导师和连续创业者组成，为初创企业提供经验支持，也有500强高管，特别是CTO作为客座导师，给创业者提供最前沿的咨询和技术建议。Plug and Play甚至还搭建了一个企业合作会员平台，将部分行业里的领军企业收入囊中，包括必胜客、P&G、东芝、三星、LendingClub等，以及中国的百度、TCL、联想等公司。

Plug and Play最近被《硅谷商业期刊》评为"最活跃的硅谷风险投资公司"。根据Plug and Play 2018年的报告，该公司在2018年加速孵化了共计1107家创业公司（美国562家，其他国家545家）。Plug and Play也是Google，PayPal，Dropbox，LendingClub，N26，Soundhound和Guardant

Health的早期投资者。

（四）Y Combinator

Y Combinator成立于2005年，是美国著名创业孵化器，主要扶持初创企业并为其提供创业指南（图7.7）。Y Combinator主要关注最早期的创业团队，在创业团队的起步阶段介入并提供相应的帮助。Y Combinator会定期举行Funding Application的活动，接受创业团队提交的项目资料，项目如果通过评审，Y Combinator会提供一种"$5000 + 5000n$"模式的投资，其中n指的是愿意参与此项目投资的Y Combinator合伙人的人数（郝君超 等，2016）。比如，如果有2个合伙人愿意投资，那么最终的投资额度是$15000；如果有3个的话就是$20000。作为回报，Y Combinator将占有创业团队2% ～ 10%的股份，通常是7%。

图 7.7　Y Combinator 众创空间

Y Combinator每年会评选出两批以上的公司获得种子资金，通过上述投资换取7%的股权。获得青睐的初创公司创始人能够单独与Y Combinator合作伙伴会面，获取建议。创业者还能够参加每周一次的晚宴，与来自硅谷生态系统的成功企业家、风险资本家等交流（刘会武 等，2016）。如此一来，创业者能够专注于进一步发展他们的产品、团队和市场，改进他们的商业模式，实现产品与市场契合，持续完善创业项目，并通过路演向目标投资者展示他们的产品和业务。在正式路演之前，Y Combinator会安排"彩排日"（Reheasal Day）、"校友路演日"（Alumni DemoDay）等，还会发动其他创业团队、校友资源共同资助完善"路演日"（Demo Day）的展示材料。

截至2017年，Y Combinator已投资约1450家公司，包括Dropbox、Airbnb、Stripe、Reddit、Optimizely、Zenefits、Docker、DoorDash、Mixpanel，Heroku。Y Combinator的综合估值超过80亿美元。此外，Y Combinator构建了一个庞大的"校友网络"，由经过培训的各家创业企业的创始人组成，这样一种持续增长的"校友资源"不仅可以帮助公司筛选项目和提供咨询建议，也为后加入的创业学子们铺平了道路。

（五）Regus

Regus是全球知名的工作场所创新解决方案供应商，旗下产品和服务包括设备齐全的办公室、虚拟办公室、专业会议室、商务贵宾室，以及全球最大的视频会议工作室网络（图7.8）。英国企业家Mark Dixon是Regus的创办人，他在一次去布鲁塞尔的旅行过程中注意到很多商务旅客因为找不到专业的办公地点，不得不在酒店里工作。于是他打定主意，要为在旅途中或在家办公的人带来更好的工作方式。他希望通过将办公空间的需求统一外包给服务供应商，改变公司管理全球不动产需求的方式。

有了这个目标后，他于1989年在布鲁塞尔开设了一家商务中心，从而创建了Regus。强烈的市场需求使Dixon快速地在全球建立了配套齐全并配备专业服务人员的办公室网络，从此客户公司可以根据实际需要租用办公场所。目前，半数以上的财富500强企业和成千上万的中小型公司都将他们的部分办公室需求外包给Regus，正因为如此，这些公司的设施成本显著降低，员工工作效率大大提高。

Regus集团网络覆盖200个国家1000个城市，设有3000多家商务中心。同时，Regus的服务具有很强的灵活性（陈德金，2017），租期灵活、租赁面积灵活。无须订立复杂的租赁合同，客户只要签署简单的一页协议，可选择租期有3个月、12个月或者24个月，签完协议后立刻就能入驻办公室办公。客户中的Google、IBM、Nokia及Accenture等企业投入了许许多多正在发展的中小型业务，他们从Regus的服务中受益：将办公和工作空间外包给Regus，从而将自身精力集中在核心业务上。

图 7.8　Regus 众创空间

（六）500 Startups

500 Startups是一家总部位于美国硅谷山景城的风险投资公司和创业加速器，创办于2010年，目前团队中有100多人，分布于20个国家，管理种子投资，资产管理规模超过3亿美元，在全世界多领域投资科技新创公司逾1700家。500 Startups不接受创业者的申请，而是由位于全球的合作伙伴直接推荐项目和团队，邀请到硅谷进行3～4个月的"孵化训练"，每年举办3次，同时提供5万～25万美元的投资，孵化期满，所有团队必须搬离，让给后来者。

在硅谷众多的加速器、孵化器和早期投资基金企业中，500 Startups可以说是特色鲜明。"大投资组合＋小额投资"的做法让其在成立7年多时间内打造了遍布全球20个国家的创业社群网络，500 Startups投资组合中包含1700多家公司（刘会武 等，2016）。公司将旗下业务分为种子基金和加速器，对有前途的种子期创业公司投资2.5万美元到20万美元，而加速器项目的投资金额约为12.5万美元。

另外，500 Startups非常注重全球布局，喜欢投资有国际化思维的创业者，并且非常注重网络营销，在其所有投资的项目中，约有三分之一来自海外。同时，500 Startups还在多个国家和地区设立微基金，如今包括了日本、韩国、泰国、土耳其、东南亚、北欧、中东、北非等国家和地区。2016年6月，500 Startups成立了一个2500万美元的创业微基金，重点支持拉丁裔创业者。这也是首个针对少数裔群的创业基金，而不是专注于某个特定行业领域。该微基金只会投资美国国内的少数族裔创始人，预计会投资100家初创公司。对于拉丁裔创业者们而言，获得 500 Startups的青睐意味着能够获得资金、人脉和经验，这能帮助自己的初创公司快速发展。

500 Startups的盈利方式也比较多元，其收益一部分来自基金管理费（即投资人将钱交给500 Startups管理，后者收取管理费，占三分之一），一部分来自初创企业（向参加加速器计划的初创企业收取），还有一部分来自会议活动组织费、赞助费。

二、美国的众创空间

（一）TechStars

TechStars成立于2007年，总部位于科罗拉多州博尔德，是美国久负盛名的孵化器之一，目前已经扩张至纽约、西雅图、波士顿、圣安东尼奥等城市。TechStars每年大约能收到来自全美各个城市的4000份申请，并从中评选出1%进行孵化。TechStars的模式是引入导师来指导和帮助初创公司，它为每家初创公司提供10名导师，并确保每个项目都能获得导师的高度关注。由于拥有在共享空间中面对面工作的机会，创业团队进入孵化器后能够得到创业导师们的手把手指导，加强了孵化器本身与项目之间的联系。TechStars的导师辅导制度已经演变成一种文化，早期参与TechStars创业项目的公司创始人现在已经成为导师，为那些新参与项目的创业者以及其他创业群体中的公司提供指导（刘会武 等，2016）。TechStars在导师制模式的基础上展开了"创业美国"合伙人计划，创立"全球加速器网络"（Global Accelerator Network），与其他创业孵化器和加速器分享关于其模式的信息。

TechStars另一个与众不同之处是，它孵化项目求质量而不求数量。首先，TechStars对入孵企业的挑选标准十分严苛，只有在全面考量一家初创公司所有团队成员的专业技能、产品及服务的成熟度与发展潜力、商业模式的可行性等诸多因素之后，TechStars才会决定是否接纳这家公司。只孵化最具潜力的公司、保持尽可能高的初创公司存活率，是创始人David Cohen（戴维·科恩）建立TechStars的初衷，他认为TechStars所有的精力都应该花在质量上，从而确保TechStars扶植的每家公司都能获得成功。此后，除了给每家初创公司提供精心的指导与巨大的关注，TechStars将更多的时间、资金投入到重视项目孵化的质量上，以及对创业团队演讲能力的培养等细节上，充分贯彻"少而精"的理念。

从收益上看，TechStars主要是用18000美元的投资资金以及3个月的孵化期换取孵化公司约6%的股权，在初创企业上市或被其他企业并购时退出获利。从TechStars毕业的公司包括SendGrid、Occipital、Orbotix、CrowdTwist和OnSwipe等。

（二）Rocket Space

2011年，Rocket Space由Duncan Logan在旧金山创办，致力于为科技类初创公司提供早期的办公场地、创业咨询以及其他服务。公司的经营理念为"办公即服务"（office as a service），提供"即插即用"的办公场地，孵化过的知名企业包括Uber、Spotify、Kabam等。美国一半的独角兽企业都是从Rocket Space走出来，包括Uber。它提供创业导师服务，在各种创业团队中严格筛选出"尖子中的尖子"，有的放矢地提供孵化服务，从而加速企业成熟。

Rocket Space要求入驻企业的公司性质必须是纯科技公司，包括大数据、社交媒体、电商、在线游戏等，且必须是致力于改变世界的公司，而不是单纯局限于某种生活方式类的创业公司。此外，它还要求入驻企业必须已经完成一轮种子融资。Rocket Space每个月都会检查入驻企业的质量（刘会武 等，2016）。随着要求越来越高，企业要入驻这里也变得越来越难。除了面对科技类初创公司，Rocket Space还将大门朝"企业级创新项目"打开。大公司也是Rocket Space的生态资源之一，从Rocket Space走出去的大公司创新项目包括英国航空（British Airway）、苏格兰皇家银行（Royal Bank of Scotland）等项目。

Rocket Space的优势在于：首先，其与大量天使投资、风险投资都有紧密的联系，并且非常清楚资金和交易的流向；其次，Rocket Space引进了MIT、Harvard、Stanford等知名大学的大量优秀人才，并愿意无偿为创业公司输送更多优秀的人才；同时，Rocket Space将IBM、微软等大企业纳入自身生态圈，为创业公司打造了绝佳的生态环境。Rocket Space不仅是一个联合办公空间，更是一个校区（campus）。在这个校区里，入驻的企业可以获得各种成长性服务，不断打磨商业计划，接触投资人和大公司（如IBM、微软）、寻找创业伙伴（有来自MIT、Harvard等学校的人才）、锻造自己的核心技术。

Rocket Space不要求对入驻公司占股（这正是Uber、Spotify入驻的原因之一），尽管现在Rocket Space平均每周能有两家公司获得新的投资，但它仍然坚持不投任何入驻企业。Rocket Space对创业者收取每个工位（办公室）每月850（1050）美元的租金，这个价位比很多同行要贵得多，但是入驻公司可以与最优秀的创始人为邻，并可享受优质创新服务。同时，对合作伙伴提供收费的"创新服务"，包括为创业公司、创业者和合作伙伴搭建合作关系。

（三）Noisebridge

Noisebridge创立于2008年，创始人为Mitch Altman（米奇·阿尔特曼），有人称其为"创客教父"，他于2007年在德国参加由Chaos Computer Club组织的Chaos Communication Camp后，决定在美国设立同类场所，最终在旧金山建立了Noisebridge。Noisebridge崇尚开放、自由、互助，在有些混乱的表面下按照类似开源社区的组织方式保持着井井有条的运作。从视觉风格上看，它面积不大，稍有些陈旧、杂乱，其中甚至有一个车间被命名为"Dirty Room"（肮脏的屋子），但所能想象到的一家创客空间里该有的东西都可以在这里找到，比如各种切割工具、焊接工具、3D打印机、电脑、桌上足球、自动售货机、小厨房等。

从运作方式上看，Noisebridge是个开放的场所，无须缴纳会员费或报名课程就可以直接进入其中，甚至直接开始工作。Noisebridge的课程以免费为主，听课者无须报名便可以直接前来上课，内容涵盖从传统制造和3D打印到编程、设计等（陈德金，2017）。Noisebridge的全职会员要经过复杂的申请流程，包括要得到至少两位现任会员的推荐。全职会员意味着负责维持、改善和管理Noisebridge。

在参观Chaos Communication Camp后，受其启发成立的创客空间还有NYC Resistor、HacDC等。这些创客空间保持了自由主义的色彩，只不过从软件走向了硬件。创客们可以在这里设计及制造电子回路，顺应自身兴趣制作实体原型，开展活动等。

（四）Artisan's Asylum

Artisan's Asylum由一位热衷大型机器人制造的创客Gui Cavalcanti（古伊·卡瓦坎蒂）在2010年创建，最初是源于他自己想完成一个机器人的想法。Artisan's Asylum是一个非营利团体，采取会员制方式运作，每月，会员从选择时段的60美元起价，最高200美元即可以获得24小时全天候的会员资格和全部公共工具的使用权限。目前，Artisan's Asylum每月的会员数量已经达到大约250人，长期入驻的工作室约140个，行业涉及珠宝设计制作、机器人制作、电子电路设计、布艺设计、机械加工、焊接、木工等。会员加入后，可以获得这里提供的各种专业设备、工具的使用权，包括切割、焊接设备，激光3D打印机等昂贵的设备。相互交流激发灵感的创客氛围也是吸引会员加入的一个方面，Artisan's Asylum为会员提供了专门的交流空间，甚至还有厨房。总体上说，Artisan's Asylum有些类似于研发基地，创客们在这里做产品原型，然后再另找地方批量生产。在筹资方面，创客们常常会与Kickstarter等众筹平台合作，募集项目有纯商业类项目，也有非营利的公益项目。此外，Artisan's Asylum还会定期举办培训，主讲人有很多是其中的创客，创客们借此可以一边完成创作，一边赚取谋生费用。Artisan's Asylum的创客有一些是全职，但更多是因兴趣而起，自己另有稳定的工作和收入。

（五）TechShop

TechShop曾经是美国规模最大的创客空间（图7.9）。2006年TechShop开了第一家店，在2007年举办过创客盛会"Maker Faire"。作为一个商业化运营的连锁创客空间，TechShop实行严格的会员制，每月会费125美元，通过会员费和收费课程盈利，通过和大企业，例如福特、Autodesk、英特尔等合作不断扩张，通过服务退伍军人等公益活动不断提升影响力，成功产生了例如DODOcase和Square等多个商业化项目。截至其倒闭，它在美国有10个分店，美国以外有4个分店，9000多活跃会员。

TechShop为会员提供所需的工具、设备、教学以及支持人员，帮助创客们把初始的想法变成完整的产品。提供的器具包括：铣床、车床、焊接台、离子切割机、金属板材加工设备、钻孔机、锯、工业缝纫机、手工具、塑料加工设备，等等。会员可以自由使用这些设备以及参加技术分享课程。TechShop通过收取每月125美元的会员费，以及按次计算的授课费（50～150美元不等）来盈利，然而仅仅依靠以上收入无法维持运营，城市、公司和基金会的外部补贴也不能持续补助，最终导致破产（陈德金，2017）。

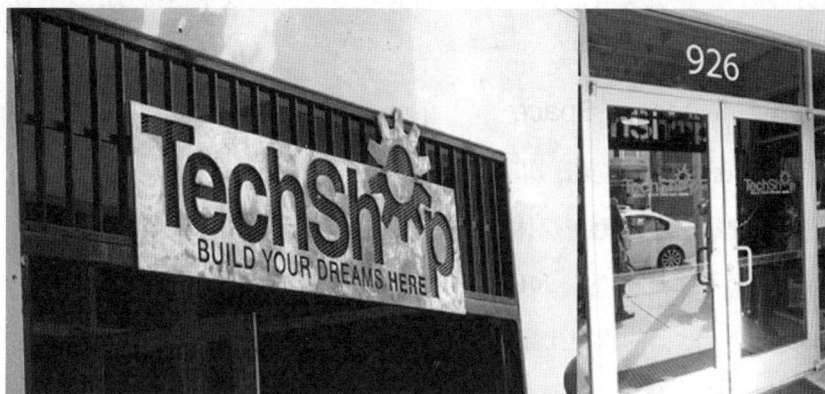

图 7.9 TechShop 众创空间

三、欧洲的众创空间

（一）Chaos Computer Club

Chaos Computer Club（混沌电脑俱乐部）成立于1984年，是最早的、也是欧洲最大的hackerspace（黑客空间），由时年32岁的程序员Wau Holland（瓦乌·霍兰）在汉堡成立。其创始人Wau Holland认为"混沌"这个词是对如今这个世界最好的解释，因此创设了Chaos Computer Club（混沌电脑俱乐部），以揭露重大的技术安全漏洞而闻名于世，范围从芯片到PIN，再到智能手机等。Chaos Computer Club有自己的信仰，创客们更多的是为了纯粹的乐趣，俱乐部的集会更像是一种聚会。不过，"黑客空间"并不仅仅破解电脑，在理想状态下也会涉及生活的方方面面，可以将其看作是与人类日常生活并行的另一套"系统"。目前，除了"黑客"外，一些记者、学者等自由工作者人数也占了很大比例（陈德金，2017）。该创客空间还拥有3D打印机等设备，有助于分享思想、技术并立刻把创意升级为新产品。

Chaos Computer Club还定期举办Chaos Communication Camp，邀请世界各地的创客和黑客参与一个开放式的创新创业短期活动营。在勃兰登堡仲夏的五天里，成千上万的黑客、技术人员、业余爱好者、艺术家和乌托邦人士聚集在营地，交流思想，相互学习，互相庆祝，共同就信息技术、计算机安全、黑客攻击、虚拟场景、关键技术创新方法及其社会影响等相关主题展开讨论。

（二）Access Space

Access Space是英国谢菲尔德的一个开放式数字艺术实验室。它是英国历史最悠久的免费媒体实验室，通过重复使用技术来实践和促进可持续发展（郝君超 等，2016；田倩飞 等，2015）。该实验室由英格兰艺术委员会、欧盟的欧洲社会基金和英国的国家彩票资助。Access Space主要通过回收再利用的计算机以及开源软件为艺术、设计、计算机等领域的创客提供办公环境，并提供电子开发设备、机械加工设备、3D打印机及激光切割机等硬件服务和项目交流、技能指导、项目展示等软件服务。Access Space实行三级会员制，分别为赞助者（每月1英镑）、支持者（每月3英镑）和资助者（每月10英镑），费用越高，能够享有的服务也越多。此外，实验室用户中半数为残疾人、流浪者、刑满释放的罪犯等社会边缘群体，因此Access Space也得到了来自英国政府社会福利机构的资助。

（三）Metalab

Metalab成立于2006年，现在已经成为维也纳的一个高科技社区聚会场所。Metalab提供IT、新媒体、数字艺术、网络艺术和黑客文化等领域的物理空间（郝君超 等，2016），为技术创意的爱好者、创客、创始人和数字艺术家之间的合作提供服务。Metalab是全球创客空间运动的催化剂，是多家互联网创业公司的发源地。

第八章

梦想小镇成功之道：创新创业生态系统

第一节　创新创业生态系统

一、创新创业生态系统内涵

创新创业生态系统研究起源于生物学中的生态系统研究，是自然生态系统理念和创业学的整合。Tansley（1935）最早提出生态系统概念，他认为生物体之间以及生物体与环境之间存在复杂的交互作用，并引用了物理学中的"系统"的概念，将生物体及其所处的无机环境所形成的统一整体看作一个系统。而后，Moore（1993）基于企业生态观视角首次提出了商业生态系统的概念，指出商业生态系统是一种"基于组织互动的经济联合体"，认为企业不是孤立的实体，而是商业生态系统的成员。随着商业生态系统研究的成熟，有学者开始关注创新创业生态系统，Spilling（1996）提出了创新创业生态系统（entrepreneurial eco-system，EES）的概念，他认为地区经济发展是一个复杂的过程，需要把相关要素联系起来综合考虑。

创新创业生态系统是个复杂的系统，学术界对其概念也尚未取得共识，目前国内外学者对其进行了不同定义。

Isenberg（2010）指出，当创业者或创业企业处于一个容易获得资金和人才、政府提供政策支持、当地有鼓励创新和容忍失败的文化、具备一定的基础设施和其他支持要素的环境中时，创业最容易获得成功。Cohen（2006）提出创新创业生态系统是特定区域内相互作用的主体形成的群落，并指出网络关系、基础设施和文化氛围是维持创新创业生态系统的核心要素。Mason和Brown（2014）认为创新创业生态系统由一系列互相联系的创业主体（创业企业、投资机构、大学等）和创业环境（政策、文化等）组成，通过正式和非正式的联系来提升绩效。

林嵩（2011）提出创新创业生态系统是由新创企业及其赖以存在和发展的创新创业生态环境所构成的，是彼此依存、相互影响、共同发展的动态平衡系统。蔡莉等（2016）认为创新创业生态系统是由多种创业参与主体（包括创业企业及相关企业和机构）及其所处的创业环境所构成的有机整体，彼此间进行着复杂的交互作用，致力于提高整体创业活动水平（创业数量和创业成功率）。项国鹏等（2016）认为创新创业生态系统可以界定为：以创业者为中心，连接政策引导、金融服务、中介服务、科研院所、创业教育、基础设施等机构，协同作用于创业者，通过交互式共生演化来提高创业质量，促进区域统筹发展。

二、创新创业生态系统构成

创新创业生态系统是一个有机整体，对于创新创业生态系统的结构，不同学者的观点也不同。2013年世界经济论坛通过对1000多位创业者的调查分析，提出了创新创业生态系统八支柱模型，即创新创业生态系统由便捷市场、人力资本、金融资金、教育培训、文化因素、主要大学、基础设施、创业导师这八个要素主体所支撑，并指出前三个要素是影响创业活动最重要的三个因素。Isenberg（2010）提出了创业所需的六大要素，即市场、政策、资金、人才、文化以及专业支持，这六个要素是构成创新创业生态系统的"黄金标准"。蔡莉等（2016）将创新创业生态系统结构分为创业参与主体和创业环境两个部分，其中创业参与主体包括直接参与主体和间接参与主体；直接参与主体是创业企业，而间接参与主体包括提供技术和人才等支撑的大型企业、政府、大学及科研机构、投资机构（银行和风险投资机构等）、中介机构（会计师和律师事务所等）；创业环境包括自然环境（地理位置和景观等）、文化（集体精神和社会规范等）、市场(客户和社会网络等)、制度(政策法规等)、其他支持要素（基础设施和专业服务等）。

学者们对创新创业生态系统构成的研究可以分为两类，一类认为

创新创业生态系统是一种支持创业者创业的外部创业环境，这类代表有
Cohen 和 Isenberg。另一类则将创业企业涵盖在内，认为创业者及其所处
的创业环境共同构成了创新创业生态系统，代表有林嵩、蔡莉、Mason
和 Brown。综合各位学者的观点可以提出创新创业生态系统的结构模型，
模型以创业企业为核心，包括创业企业、政府、投资机构、大学与科研
机构、大企业、服务机构这六类主体，以及市场、政策、资金、人才、
文化、专业支持这六大创业环境要素（见图8.1）。

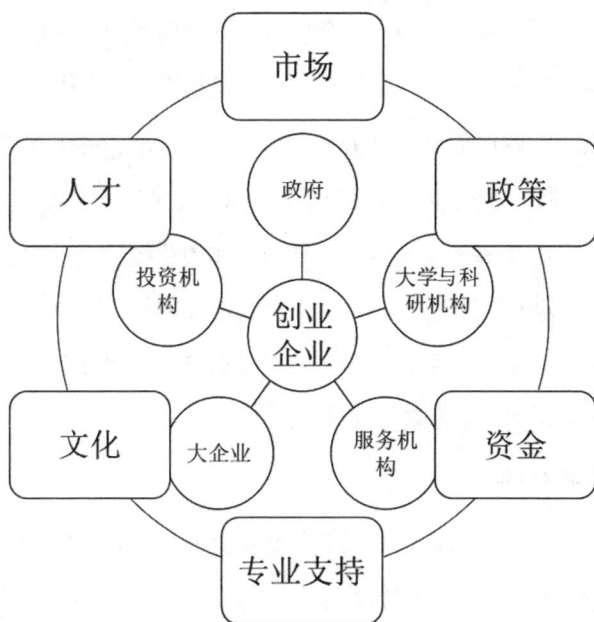

图 8.1　创新创业生态系统结构模型

三、创新创业生态系统特征

（一）多样性

创新创业生态系统内具有多种主体，前面提到创新创业生态系统包
括创业企业、政府、投资机构等六类主体，其中每类机构又可细分为多
种类型，如投资机构分为天使投资、风险投资、股权投资等种类，服务
机构可分为孵化器、创业咨询机构、中介机构等不同类型。每种细分类
型又可继续细分，如创业企业可以按创业阶段分为创意期、初创期、成

长期，每个阶段都有不同行业的创业企业，如电子商务、大数据、云计算、物联网等行业，每个行业又可分为不同子行业，由此可见创新创业生态系统的多样性。随着创新创业生态系统的演化，其主体的多样性会逐渐增加，不同主体在系统内发挥着不同的作用，主体的多样性有利于维持创新创业生态系统的健康发展。

（二）网络性

创新创业生态系统内的各个主体不是孤立存在的，各主体之间通过相互联系形成了复杂的网络。一个项目从创意到成为一家成熟公司的过程中需要各类资源，因此，孵化器、投资机构等资源会围绕一个创业机会或企业紧密有效地形成一个关系网络，同时，每个孵化器可以孵化多个创业企业，投资机构也可以投资多家企业，它们各自形成网络。此外，创业者之间可以交流创业问题，分享创意和创业经验，有的创业企业会进行一些项目合作、互相持股，这也可以形成网络。网络之间可能是嵌套关系，也可能多张网络聚集在一起形成群落，这些复杂的网络在一起共同构成了创新创业生态系统网络。

（三）共生性

创新创业生态系统内的各类主体是相互联系、相互依存的，并以嵌入网络的形式存在。网络内的各个主体具有较强的共生性，当一个主体离开该系统，系统对其他主体价值会下降；当一个主体进入系统时，系统对其他主体价值会上升。创业企业的发展离不开各类机构的支持，需要金融、投资机构解决融资问题；需要各类服务和咨询机构进行战略和管理辅导；需要利用大企业的技术、流量等资源的支持；需要大学和研究机构为其提供必要的人才；也可能需要政府的一些政策支持。同样，政府、金融投资机构也离不开创业企业，各类资源需要与创业企业一起实现价值共创，从而达到各自的目的。创新创业生态系统主体之间通过交流合作实现价值共创，并共同承担系统的命运。

（四）区域性

区域性是创新创业生态系统区别于商业生态系统的一个重要特征。商业系统内的各类主体可以分布在不同地理位置，只要能实现共同的商业目的即可，如苹果公司的供应链遍布全球。而创新创业生态系统则有明显的区域性，创新创业生态系统的文化、政策、知识、人才等要素均具有一定的区域性。例如，有的地区创新创业文化氛围浓厚，区域内的人才具有很强的创新创业意识，区域政府非常鼓励创新创业，并为创业企业提供资金、政策等方面的支持，而另一些地区则没有这么强的创业文化氛围和政策支持。此外，创新创业生态系统具有一定的独特性，各个创业要素的不同组合形成独一无二的创业环境，不同地区的创新创业生态系统具有不同特色，很难进行复制。

四、创新创业生态系统之众创空间

众创空间是创新创业生态系统的一种具体类型，并且是一种非常有代表性的创新创业生态系统。判断一个创新创业生态系统是否具有活力及其健康状况的标准不是其区域的大小或企业数量的多少，而是需要考虑生态系统内主体的多样性、各主体间互动的程度强弱、创业环境各要素支持的强度等要素。众创空间是一个创新创业综合服务平台，虽然区域有限，但在一定区域内聚集了大量的创业企业和各类创业资源，一般众创空间都会有创业团队、孵化器、金融投资机构等主体，满足创新创业生态系统的各类要素和创业需求，因此众创空间生态系统是非常具有活力的创新创业生态系统。

区别于其他特色小镇，梦想小镇的创新创业生态系统非常具有活力，原因在于其打造了众创空间创新创业生态系统。"第一轮全国特色小镇典型经验——浙江杭州梦想小镇经验"里提到：小镇积极创新服务，通过引进新型创业服务机构、建立天使引导基金、组建创业贷风险池、开发云服务平台等途径，不断完善政策体系和服务链条。着力打造最富激情的创新创业生态系统，着力构建一个自然生态、历史文化、现代科技交相辉映，办公创业空间、职住生活配套空间、精神文化空间一应俱全的众创空间。可见打造众创空间创新创业生态系统是梦想小镇建设的重要举措。

创业企业是创新创业生态系统内最核心的主体，梦想小镇对创业企业的经营管理模式是众创空间模式（见图8.2），创业企业需要通过梦想小镇众创空间入驻小镇，并且入驻后受梦想小镇众创空间的考核管理。后面的小节将主要通过介绍众创空间创新创业生态系统的内涵、结构和运行机制分析梦想小镇成功之道。

图 8.2　梦想小镇众创空间网站主页

第二节　众创空间内涵

在大众创业、万众创新的时代背景下，众创空间作为新型的创新创业服务平台迅速兴起。2015年3月，国务院办公厅发布的《关于发展众创空间 推进大众创新创业的指导意见》中指出，要加快众创空间等新型创业服务平台发展，这可以看作我国众创空间的元年。随后的一年里，我国的众创空间数量迎来爆发式增长，科技部公示的数据显示，截止到 2016年9月，全国共有1337家众创空间通过备案。梦想小镇着力构建一应俱全的众创空间，本节从创新创业生态系统角度来分析众创空间内涵。

一、众创空间的定义

目前，对于众创空间的内涵学界有多种不同的理解，下面就从实践和学术两种视角理解众创空间的定义。

乔辉等（2016）认为众创空间是在新型孵化器模式上，通过专业化、集成化、市场化和网络化手段，提供全方位、低成本、便利化的一个开放式综合服务平台。陈夙（2015）认为众创空间是众多创业活动在特定地理空间的集聚所形成的复杂的创新创业生态系统，并提出众创空间创新创业生态系统由众创精神、创客生态圈、资源生态圈以及基础平台与创业政策四个维度构成。

我国颁布的许多重要文件对众创空间做出了系统性定义。《关于发展众创空间 推进大众创新创业的指导意见》中提到：总结推广创客空间、创业咖啡、创新工场等新型孵化模式，充分利用国家自主创新示范区、国家高新技术产业开发区、科技企业孵化器、小企业创业基地、大学科技园和高校、科研院所等有利条件，发挥行业领军企业、创业投资机构、社会组织等社会力量的主力军作用，构建一批低成本、便利化、全要素、开放式的众创空间。科技部提出，众创空间是为大众创新创业者提供良好的工作空间、网络空间、社交空间和资源共享空间的创业服务社区以及提供低成本、便利化、全要素的开放式新型创业服务平台。

由上可知，众创空间是一个创新创业服务平台（见图8.3），服务对象为早期创新创业团队，通过凝聚各类资源，为创业者提供场地、培训、融资、交流等服务，并与科技企业孵化器、产业园区等共同组成创业孵化链条。

图 8.3　梦想小镇众创空间平台相关服务

二、众创空间与传统科技园区的区别

众创空间是一种新兴的创新创业生态系统，空间内的创业项目、主体类型以及平台运营、空间分布都与传统科技园区有显著区别（见表8.1）。

表8.1　众创空间与传统园区在创新创业生态系统上的特征比较

对比项目	传统科技园区	众创空间
创业项目	项目规模大，数量较少	项目数量多，规模小
主体类型	主体类型较少	主体类型丰富
平台运营	平台作用较小	资源聚集、协调作用
空间分布	具有较强边界性	无边界和网络化

在入驻企业方面，众创空间入驻的创业企业、创业项目众多，更具有"众"的属性。例如梦想小镇首批入驻创客就达到200家，目前创业项目累计1930余个，创业人数累计16900余名。并且，相对于传统科技园区，众创空间内的创业企业规模较小，团队人数较少。梦想小镇众创空间入驻的项目很多是3～5人的小团队，这些小团队更加灵活，富有创造力，并具有很强的创业精神。

在入驻主体类型方面，众创空间内的主体类型更加丰富，一般众创空间会涵盖各类孵化器、投资机构、咨询服务机构以及平台企业、高校和科研机构等合作机构。梦想小镇集聚各类资本管理机构1403家，集聚资本约3000亿元，引进了深圳紫金港创客、良仓孵化器以及500Startups、Plug and Play等数十个国内外知名孵化器和创业平台，空间内聚集众多创业导师，这些不同类型的创客和资源主体构成了充满活力的创新创业生态系统。

在平台运营方面，较之传统科技园区，众创空间与空间内的创业企业互动性更强。众创空间不仅为创业企业提供办公场地等基础设施，还为创业企业引入各类创业资源，帮助创客们实现创业梦想。此外，众创空间平台主体还会举办创业大赛、创业沙龙等活动帮助创业者们分享创业经验，提升创业能力。例如，梦想小镇先后举办"梦马""法国日""创业先锋营"等活动1316场，参与人数超过18.8万人次。

在空间分布方面，众创空间整体层面具有无边界和网络化两个显著特征。无边界是指众创空间聚集众多创客和资源，这种聚集可以是地理位置上的聚集，也可以超越地理空间的限制，通过商业生态系统形成分布式发展。此外，众创空间内的创业活动也可与空间之外的商业主体形成复杂的网络连接，并且这种虚拟的社会网络空间可以无限拓展。网络化是指众创空间内的创客群体和资源主体通过项目或优胜劣汰机制形成复杂的网络，这种网络往往是自发形成的，因此众创空间还具有自组织的生态学属性。

三、众创空间与传统孵化器的区别

众创空间与传统意义上的孵化器之间既有联系又有区别。为便于区分，这里将以国家自主创新示范区、高新技术开发区、科技企业孵化器、大学科技园、创业苗圃为代表的孵化器统称为传统孵化器。虽然均致力于孵化创业企业，但与传统孵化器相比，众创空间在入驻企业类型、资源提供等方面更加广泛。

第一，受众企业更广泛。传统孵化器的受众群体有限，对创业项目本身提出的要求较高，往往需要众多指标审核。如科技企业孵化器要求入驻项目必须是与科技相关的创业项目，并且要通过相关专家的评审才能进入园区进行孵化，这使得很多具有创新创业想法的小团队无法进入孵化器享受创新创业资源。区别于传统孵化器，众创空间内部凝聚的创客数量更多，众创空间对外开放程度更高，进入空间内的门槛限制较低，对创业者也没有众多指标的限制，并且对空间内的创业者一视同仁，进入空间的创业团队均可享受空间的各类资源。

第二，参与主体更广泛。众创空间的主体角色更多元、创业资源更丰富，除各类服务、中介机构外，众创空间还与高校、科研机构、大企业合作，且创客与创客之间、创客与创新创业组织间关系密切，形成了一个纵横交错的生态网络。在供给主体方面，众创空间的供给主体可以是政府也可以是企业，且不同供给主体的众创空间其运营方式和经营目的会有所不同，而传统的孵化器通常是由政府主导创建，具有较强的政府色彩。

第三，服务的创业阶段更加广泛。一个创业项目通常要经历创意阶段、种子阶段、创业阶段、成长阶段等多个阶段，不同阶段面临的困境和需要解决的问题各不相同。传统孵化器针对的创业阶段较早，以创意阶段、种子阶段为主，而众创空间集聚了多样化的创业者、创业项目，以及有围绕创新创业过程所需要的一切资源，服务范围几乎涵盖了创业过程每个阶段，是一个全方位、综合型的创新创业生态系统。

四、众创空间的分类

我国存在数千个众创空间，且类型各异，其在主体类型、规模、运营模式等方面存在极大差异。众创空间的划分标准尚未统一，当前主流的划分模式有三种：依据功能和特征划分、依据参与主体划分和依据创业阶段划分，其中依据功能和特征划分的七种众创空间类型是目前比较流行的分类方法。

（一）依据功能和特征划分

依据功能和特征划分众创空间可以比较明确地阐明众创空间的特点以及某个地区众创空间的发展程度。投中研究院报告（2015）对我国众创空间的类型进行了归纳，依据众创空间的功能和特征，将众创空间的类型分为七种：活动聚合型、培训辅导型、媒体驱动型、投资驱动型、地产思维型、产业链服务型和综合创新创业生态型。创业者的需求可以分为市场、资本、人才、平台、文化氛围、公共服务等方面。而七种众创空间类型中"综合创新创业生态型"和"产业链服务型"的众创空间可以满足创业者的这些需求，这两种类型应是众创空间未来的发展方向。

（二）依据参与主体划分

依据参与主体可以将众创空间分为两类（见表8.2），一类是政府主导的众创空间，如梦想小镇；另一类是由大企业或投资机构主导的众创空间，如阿里百川众创空间。不同主体主导的众创空间具有不同的目的和经营方式，政府主导的众创空间具有培育中小企业，促进经济发展和增加就业等目的，带有较强的社会性或公益性，而企业、机构等组织主导的众创空间除了强调孵化创业企业，更带有明显的营利性质。两类众创空间各有特色，政府主导的众创空间往往具有更多的政府资源，如土地、资金等，更看重企业的创新性和社会性。大企业主导的众创空间可以利用自身资源为创业企业赋能，如腾讯众创空间可以为创业企业提供用户流量支持、技术支持等。此外，企业主导的众创空间由于具有营利性，往往具有更强的创业氛围和更高效的创业产出，可以自发调节市场中各类资源要素。

表8.2 依据参与主体划分众创空间

性质	类型	目的
公益性	政府主导型 高校与科研机构主导型	培育中小企业 促进经济发展和增加就业
营利性	大企业主导型 中介与投资机构主导型	生态系统布局 获取投资收益

第三节　梦想小镇众创空间结构

一、众创空间创新创业生态系统主体

众创空间主体的多样性是其区别于传统科技园区和孵化器的重要特征。众创空间的主体包括创业企业、平台主体、孵化器、高校、科研机构、投资机构等（见图8.4）。

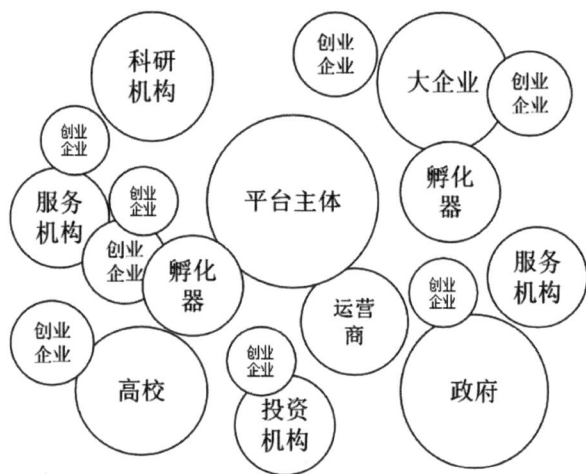

图 8.4　众创空间创新创业生态系统各类主体

（一）平台主体

政府和大企业、投资机构一般是众创空间平台的供给主体，其中大企业、投资机构主导的众创空间平台往往具有明显的营利性质。梦想小镇众创空间的供给主体是政府，由杭州未来城管委会负责管理，更注重孵化出众多优质的创业企业，带动区域的经济发展，而不是利润至上。区别于传统的孵化器和科技园区，梦想小镇众创空间平台供给主体除了为空间内的企业提供场地、物业、装修、网络、办公家具等基础设施，降低创业企业的创业成本之外，更强调平台定位，吸引和聚集各类优质

资源和创业项目，并协调空间内各类主体，促进创业企业与各类资源的对接。

（二）创业企业

创业企业既是众创空间创业生态系统的主引擎，也是众创空间的扶持对象。一方面，梦想小镇众创空间汇聚大批有激情、有梦想的创新人才，他们对行业、技术、市场有一定的相关知识、经验，能够发现细分技术或市场的创业机会，并组建团队，通过团队运营把新产品和服务推向市场。另一方面，由于资源、能力、经验的不足，这类企业需要梦想小镇众创空间内的孵化器、投资机构、中介机构，以及其他创新主体提供各方面的辅导和支持。对创业企业提供资源帮扶、实现价值共创是梦想小镇众创空间的使命。

（三）政府

上文提到，众创空间的供给主体分为两类，一类是由大企业、投资机构主导，另一类是由政府主导。梦想小镇属于后者，政府是梦想小镇众创空间的供给主体，是梦想小镇众创空间创新创业生态系统运转的制度保障。一方面，政府引导创业者关注和选择具有发展前景的行业创新创业，另一方面，政府在土地、资金、政策等方面为众创空间提供大量支持。

（四）运营商

平台供给主体一般会通过第三方运营商管理众创空间的日常运营，梦想小镇众创空间由菜根科技负责其日常运营与管理。与平台主体的功能相似，运营商在众创空间内主要发挥平台的作用，将各类服务和资源提供给创业企业，通过举办各类创业比赛、创业沙龙、创业培训促进、协调各类资源与创业企业的交流。此外，运营商还负责众创空间内各孵化器、创业企业的考核，以及众创空间的推广。

（五）孵化器

孵化器是众创空间内重要的服务机构之一，与创业企业的关系十分密切。具有创投机构背景和专业技术背景的孵化器会提供创业培训及技术指导的服务，降低创业者的创业风险和创业成本，提高创业成功率。梦想小镇众创空间的平台主体（未来科技城管委会）不直接负责创业企业的日常管理，而是与深圳紫金港创客、良仓孵化器、极客创业营等众多孵化器合作，引导股权机构搭建孵化平台，为创业企业提供专业化、市场化、多样化的新型孵化服务。

（六）大企业

大企业具有品牌优势、市场优势和资源优势，可利用这些优势与其他创新相关主体合作，共同搭建一体化的资源服务体系，形成具有创新能力和可持续发展力的创新创业生态系统，因此大企业也是很多众创空间的供给主体，如阿里百川众创空间和腾讯众创空间。大企业是创新生态系统的带动者与推动器，推动创新生态系统持续创新，梦想小镇与阿里百川合作，利用阿里巴巴巨大的资源宝库与丰富的管理经验，帮助中小企业和初创企业快速成长，加速创新。

（七）高校与科研机构

高校和科研机构为众创空间提供技术和研发方面的支持，此外，众创空间内很多创业者、创业团队精英是来自高校的大学生。梦想小镇定位于互联网、大数据、云计算等前沿领域，因此与浙江大学、杭州师范大学、阿里研究院有着密切的联系，浙大系的创业者也是梦想小镇创业"新四军"之一。

（八）服务机构

创新生态系统中的各类服务机构为创业企业提供全方位的服务，既包括财务、法务、公司注册、招聘、行政及知识产权方面的基础服务，又包括融资、市场推广、技术研发、战略辅导等高级服务。梦想小镇吸引了一大批 PE、VC、天使投资机构，有力助推了小镇内创业项目的蓬勃发展。

二、众创空间创新创业生态系统层次

众创空间的主体数量和种类众多，这些主体在众创空间的功能和位置也不同。为区分众创空间内各类主体之间的关系，我们以创业企业为核心，按照主体的功能和性质，将众创空间创新创业生态系统划分为四个层次：创业企业层、服务机构层、合作机构层、众创空间平台层（见图8.5）。

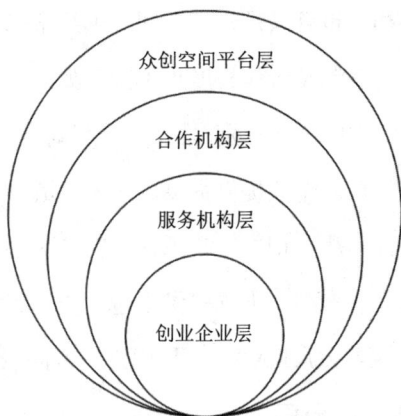

图 8.5 众创空间创新创业生态系统层次

（一）创业企业层

创业企业层是创新创业生态系统的核心层，是生态系统的活力源泉，整个生态系统因为创业企业而存在。众创空间的创业群体主要有四类：大学生创业群体、科技创业群体、海归创业群体和高管创业群体。这些创业群体在生态系统内吸收各种资源和服务而不断成长。梦想小镇集聚创业项目1930个、创业人才16900名，其中有一半以上创客为大学生创业者，还包括科技人才创业者以及来自阿里等大企业的高管创业者等，形成了一支以阿里系、浙大系、海归系、浙商系为代表的创业"新四军"队伍。

（二）服务机构层

服务机构层是支持创业企业、为创业企业提供各种服务的各种机构，包括孵化器、咨询机构、金融机构、投资机构和生活服务机构等，它是创新生态系统的资源保障。梦想小镇引进的各类孵化器、金融投资机构、生活服务机构等都属于这一层，它们为小镇内的创业项目提供全面的服务，伴随创业企业成长的各个阶段。

（三）合作机构层

合作机构层主要是指政府、高校与科研机构、大企业等，他们并不完全属于众创空间创新创业生态系统，但他们与众创空间有着密切的联系，为众创空间生态系统提供政策、人才、技术等资源。他们既可以是众创空间的合作机构，也可以是众创空间的供给主体，并且不同的众创空间合作机构提供的资源及合作程度也不同。如阿里百川众创空间、腾讯众创空间，他们的供给主体分别是阿里巴巴和腾讯集团，这两大企业可以依靠自身优势为创业企业提供数据、技术、流量、资金等方面的资源，并通过与政府合作获取相关的政策扶持。梦想小镇则是由政府支持创办，政府的参与度非常高，不仅提供土地、资金、政策上的支持，还全力以赴推进梦想小镇与浙江大学、阿里巴巴等的战略合作。

（四）众创空间平台层

众创空间平台层包括众创空间的供给主体和运营商两类主体。前面提到，区别于传统孵化器，众创空间强调平台定位，因此平台层在空间内主要发挥平台作用，协调创业企业及各服务机构，使众创空间创新创业生态系统良好地发展。梦想小镇平台层由杭州未来城管委会以及运营商菜根科技组成，其主要功能包括为众创空间提供各种基础设施，筛选和引入创业企业、各种服务商以及合作机构，对空间内的创业企业和服务机构进行考核，举办活动来促进创业者之间、创业者与服务机构之间的交流（见图8.6），以及众创空间的宣传推广等。如前所述，梦想小镇众创空间相继举办了众多大赛、活动，许多知名媒体争相报道，这些互动使得小镇的创业氛围和品牌形象得以快速提升。

图8.6　菜根科技组织的5G青年创客论坛

三、众创空间创新创业生态系统结构

本书前面分析了众创空间创新创业生态系统的主体及其层次，而众创空间的构成不仅仅是各类主体的有形部分，还包括文化和制度等无形部分。从生态学的视角分析，众创空间创新创业生态系统主要由创客生态圈、资源生态圈、创客文化以及政策制度四个维度构成（见图8.7）。

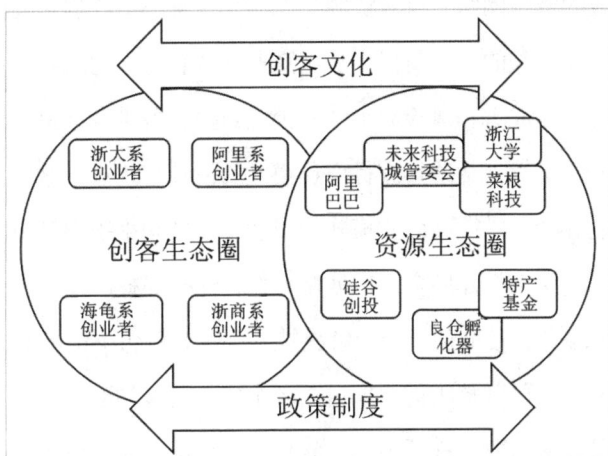

图 8.7　梦想小镇众创空间创新创业生态系统结构

（一）创客生态圈

创客生态圈是由众多具有创业精神的创客们组成的生态圈，他们具备专业技术，并有着各自的创意项目。他们通过线上、线下交流（见图8.8）、开展沙龙活动以互相持股等合作方式，交叉参与创业项目的不同环节，形成一个相互联系的网络。通过这一网络，这些有共同价值观的创业者重新组合在一起，共同完成创业梦想。我们将这个网络称为创客生态圈。梦想小镇每个月会组织若干场大大小小的活动，如创业大赛、读

图 8.8　梦想小镇创客交流

书会、创业分享、培训会等，这些活动一方面为创业者提供创业知识，另一方面促进创业者的交流。创客生态圈有利于新创意、新项目的产生和快速成长。

（二）资源生态圈

众创空间创新创业生态系统的众多服务机构、合作机构以及众创空间平台形成的资源网络，就是资源生态圈。梦想小镇众创空间资源生态圈伴随着企业成长的各个阶段，从创意期到成长期再到成熟期，并帮助创业者降低创业成本和风险。小镇的创业导师和各种咨询机构为创业者提供创业战略支持，帮助其进行商业模式的设计与改进，这些具有丰富经验的创业导师可以提高商业模式的成功率。梦想小镇还吸引阿里百川众创空间、浙江大学开展全方位战略合作，这些高校以及大企业可以提供各种技术服务，帮助创业企业解决技术难题。梦想小镇集聚的1000多家金融服务机构可以解决创业项目在各个成长阶段的融资问题。不同企业在不同阶段所需要的资源不同，梦想小镇众创空间生态系统不断吸引各种优质资源加入，更好地满足了创业企业的需求。

（三）创客文化

区别于传统的科技园区，众创空间有一种独特的文化——众创精神。众创精神是创新创业生态系统的文化精髓，正是这种众创精神，众多的创业者和创业资源凝聚在梦想小镇，共同实现它们的商业愿景。众创精神包括三层内涵：

（1）创业梦想。创业者们的创业梦想起源于创业者们的新技术或者新的商业创意，新的技术或创意具有前瞻性甚至颠覆性，经过各类资源的赋能后可能成为伟大的企业。创业梦想是创业者们的精神力量，鼓励着创业者们克服重重困难将这些新技术、新创意商业化。

（2）合作共生。创业往往需要多人或多个团队共同完成，梦想小镇众创空间创新创业生态系统中各个主体都非常具有合作精神，采用开放式的合作创新，在创业梦想引领下，创业利益相关者们相互寻求资源，分工协作，协同共生。

（3）对创新的容错性。创业成功本身就是小概率事件，即便是创业成功的企业在创业过程中也往往会经过多次试错。梦想小镇众创空间内的各类服务机构，如孵化器、投资机构和创业者们共同承担着创业的风险，这有效降低了创客们的创业风险。此外，梦想小镇众创空间内的各类资源与创业者们在合作的过程中会对彼此更加了解，产生信任，即便团队的某个项目失败，仍可以继续合作尝试新的项目，这种追求创新、容忍失败的氛围促进梦想小镇众创空间走出更多成功创业企业。

（四）政策制度

如果说创业文化是众创空间创新创业生态系统的动力，那么政策和制度则是维持生态系统活力和有序运转的支持与保障。为了吸引创业者和各个服务机构，众创空间供给主体会提供各种优惠政策。梦想小镇主要由政府主导投资、未来科技城管理和运营，为创业者提供了大量支持政策，例如提供最高5年的免租金办公场地，给予最高30万元商业贷款贴息，给予60%的物业能耗补贴等。为了使生态系统良好运转，众创空间平台需要制定相应的入驻、运营、考核制度。入驻梦想小镇有三条途径：一是企业通过创业大赛拿到"金钥匙"，二是通过孵化器的筛选，三是满足梦想小镇要求的优质项目（见图8.9）。梦想小镇对各孵化器有考核要求，根据孵化器的评分调整对孵化器的政策优惠，孵化器在平台的压力下会对孵化的企业进行一定的考核。

图8.9　梦想小镇"创业先锋营"入驻选拔赛

可以看出，虽然众创空间创业生态系统内主体众多，但这些主体不是杂乱无章存在的，他们在众创空间内有其各自的功能和位置，具有一定的层次性和协同性。这些主体与众创空间的创客文化、政策制度共同构成了众创空间创业生态系统（见图8.10）。

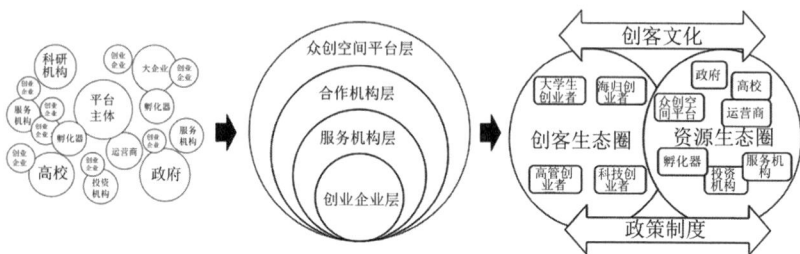

图 8.10　众创空间主体、层次、网络结构图

第四节　梦想小镇众创空间创新创业生态系统运行机制

众创空间创新创业生态系统运行机制指众创空间生态系统的运行规律以及空间内各个主体在生态系统运行中的相互关系。众创空间创新创业生态系统存在四个核心机制：新陈代谢机制、多层网络机制、共生互进机制、价值共创机制。这四大机制相互关联、互为因果，是众创空间创新创业生态系统运行的内在规律，共同促进着生态系统内部的创新创业进程。本节通过众创空间创新创业生态系统的四大运行机制来阐述梦想小镇众创空间运作过程。

一、新陈代谢机制

自然界的生态系统是一个开放的系统，不断与系统外界进行着物质与能量的交换，同样，众创空间创新创业生态系统也是一个开放的系统，对内、对外都没有明显的边界限制。一个运作良好的创新创业生态体统会有输入、输出以及优胜劣汰来确保众创空间生态系统保持活力。如果创新创业生态系统只有输入而没有输出，生态系统会不断膨胀直到崩溃；而如果生态系统没有优胜劣汰机制，生态系统的资源会被各种没有竞争力的项目占据，这样的生态系统会失去活力，逐渐衰落。众创空间生态系统的新陈代谢既包括创新创业生态圈，也包括资源生态圈。

（一）创客生态圈方面

从输入角度考虑，在梦想小镇各种优惠政策的吸引下，很多创业公司、创业项目希望能加入这个创新创业生态系统。然而不同的项目所需要的资源不同，且项目的质量良莠不齐，并非所有创业项目都可以加入该生态系统。在价值定位上，梦想小镇更倾向电子商务、互联网相关项目，并通过设置门槛和规则来筛选优质项目（见图8.11）。在众创空间文化吸引力、社会网络吸引力、平台资源吸引力等多种力量的作用下，社会大众创业项目向众创空间集聚，这些项目需经过"路演"、"赛马"与评选，获取入驻资格。从输出角度考虑，梦想小镇众创空间定位于创业企业，因此一般只会让创业企业在众创空间成长三年左右，三年后，若创业企业成长到一定规模，平台会要求其离开众创空间，将空间和资源留给新的创业项目。在竞争方面，梦想小镇运营方为提高创意创业产出率，会定期对入驻的服务性资源组织定期考核和评估，符合标准的资源组织将继续留在空间内，不符合标准的资源组织将被淘汰出局。

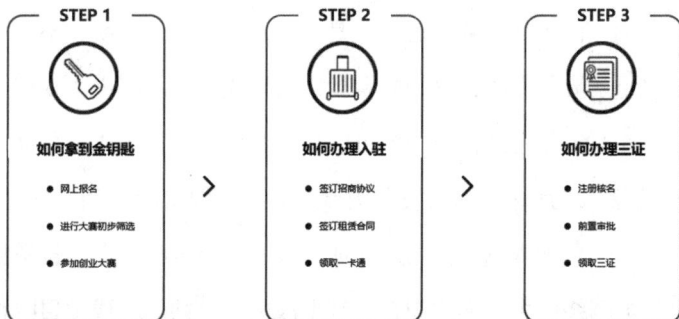

入驻小镇步骤

STEP 1	STEP 2	STEP 3
如何拿到金钥匙	如何办理入驻	如何办理三证
● 网上报名	● 签订招商协议	● 注册核名
● 进行大赛初步筛选	● 签订租赁合同	● 前置审批
● 参加创业大赛	● 领取一卡通	● 领取三证

图 8.11 梦想小镇入驻步骤

（二）资源生态圈方面

社会资源进入众创空间、获取稳定的空间运营资格席位同样也需要通过两种机制：门槛遴选机制与市场竞争机制。梦想小镇众创空间运营方对各类资源设置了入门门槛、入驻标准和行为准则，从而遴选出优质的服务资源。运营期间，进入空间的社会资源可在空间内自由选择支持的创业项目，如第六章介绍的杭州诚一文化创意有限公司，其创业团队在参加梦想小镇举办的阿里巴巴"诸神之战"全球创客大赛期间结识了梦想小镇"杭报第七空间"，在通过进一步交流之后与"杭报第七空间"一拍即合，正式入驻梦想小镇"杭报第七空间"。梦想小镇众创空间运营方会根据入驻空间的资源企业经营与服务表现，再基于门槛标准对社会资源企业的空间资格进行周期性的动态考核，达不到考核标准的限期整改或者取消空间资格。这种淘汰机制促进了资源生态圈不断地进行更新换代，维持着新鲜与活力。

二、多层网络机制

众创空间的众多主体有着不同的联系，创客之间、资源之间、创客与资源之间形成了相互交错嵌套的网络，这些网络并非均是并列关系，网络之间交错嵌套，具有自发性、中心性、层次性等特点。

（一）自发性和无边界

众创空间创新创业生态系统是一个开放的生态系统，不断地吸纳外部新生要素流入空间，这些要素会自发形成网络。即进入众创空间的创业者、各类创业资源在空间内可以自由组合，自发形成一种动态演化的生态网络，并且这个网络没有明显边界，只要有利于创业项目的推进，各类主体均可加入这个网络。例如，梦想小镇内孵化器、投资机构、中介机构等围绕一个项目组织在一起形成网络，共同完成项目孵化，这种网络系统是开放的，并非一旦形成就不再改变，网络中的主体成员和结构可以根据项目的需要而作调整。

（二）中心性和层次性

中心性是指每个网络都会有一定的网络中心，比如，梦想小镇内的某个创客以自身为中心，与多个创客以及多种资源形成一个网络连结，进而实现创业资源面向创业活动的集成与滋养。同样，每个服务机构也可以以自身为中心，连结多个创业项目和资源，形成网络。层次性是指各个网络之间可以相互嵌套，在某个网络中形成子网络，这样的网络共同构成了众创空间整体网。如梦想小镇众创空间平台下有多个孵化器，而每个孵化器下面又会有多个创业项目，每个创业项目又会对应各个资源。各网络既可以以创业项目为中心，链接多种资源作为一个子系统，也可以以某个资源（如孵化器）为中心，对应各个项目作为一个子系统。创客自我中心网—群落局域网—众创空间整体网是众创空间最基本的网络层次，这种多重网络机制增加了众创空间生态系统的柔性，确保了梦想小镇创新创业生态系统的资源整合效率。

（三）众创空间平台网络

平台网络是由众创空间创新创业生态系统内所有子系统共同组成的网络，是众创空间内最大、最复杂的网络，涵盖了生态系统中的所有主体，网络的中心是众创空间的平台主体。梦想小镇众创空间是一个为创新创业提供服务的综合服务平台，连接着包括创业"新四军"在内的创客生态网络和包括阿里百川孵化器、硅谷创投等多元服务性组织的资源生态网络。

三、共生互进机制

共生互进机制包括三重内涵，分别是相互吸引、协同共生、共同进化，该机制促进了梦想小镇众创空间创业生态系统内部能量、物质和信息的流动。

（一）相互吸引

依据创新创业理论，创新过程是众多要素参与的过程，是一个创业项目从萌芽到成熟的过程，实现这两个过程需要汇聚创新和创业资源。梦想小镇众创空间的创新创业生态系统是一个开放的系统，对创业项目的门槛相对较低，对创客广泛接纳，为早期创业提供特色服务，形成了一种"创业地带"符号。而资源与创业项目是相互吸引的，创业者会因为梦想小镇丰富的资源而被吸引过去，给系统带来新的活力；各个机构也会因为梦想小镇内有价值的项目而被吸引进去，给系统带来更多的资源，从而激发生态系统的创新活力。梦想小镇众创空间借助互联网等科技信息技术构建了线上、线下资源平台，通过举办各种特色讲座、沙龙、竞赛的方式营造创新创业氛围（见图8.12），以此来吸引社会各种资源，这样就形成了正向的循环。众创空间通过不断聚集创客和创业项目的方式凝聚社会各界优质资源，为创新创业不断地输送营养，壮大众创空间生态系统。

图 8.12　梦想小镇相关活动

（二）协同共生

众创空间不仅要吸引资源，当各种资源入驻众创空间后，还要帮它们找到合适的位置，让它们能充分发挥自身的作用。梦想小镇众创空间并非一个静态、规则的生态系统，各类主体并非一旦进入众创空间就能与其他主体形成紧密的网络。梦想小镇众创空间是一个动态平衡的生态系统，内部存在随机涨落，创客与创客间、创客与组织间不断地发生竞争、协同等不规则运动，此外，生态系统还会受到外部市场、技术、政策等因素干扰。梦想小镇众创空间还具有整合功能，它能将外部流入的资源形成一个系统化的资源体系，促进生态系统从无序到有序的持续转化。此外，梦想小镇众创空间创新创业生态系统内各个主体具有一定的依存关系，如果没有创业企业，那么各类资源的存在就没有意义，同样，如果没有各类资源，创业企业在空间内也无法生存下去，这种相互依存关系促使梦想小镇众创空间内的创业主体与资源主体连为一体，形成紧密网络。

（三）共同进化

众创空间内的各个主体不仅是一种共生关系，主体之间还将会相互促进、共同进化，在竞争与合作的过程中提升彼此的能力。创业企业在进入梦想小镇众创空间时往往规模很小，很多仅是三五人的小团队，这些团队、创业企业带着项目和众创精神，通过众创空间内的知识聚合与资源集成来构建创业战略能力与核心能力，逐渐由创意期过渡到成长期、成熟期。梦想小镇的各类资源对创意期中的项目会进行持续的孵化，助推创客团队创业能力的提升，与此同时，自身的能力也会得到提升。此外，梦想小镇集聚众多不同背景的创业者，这些带着梦想的创业者们在空间内聚集在一起，不断地分享彼此的创意思想，激发创意灵感，互帮互助，共同进化。

四、价值共创机制

梦想小镇众创空间生态系统的初创企业往往是某一细分领域的创新主体，具有创新激情和动力，能敏锐地捕捉细分市场的创新机遇。然而，将创业机会转化为商业化的产品和服务并非一帆风顺，往往受困于有限的资源，需要其他主体提供资源支持。用户价值创造是众创空间众多创业企业的终极诉求，梦想小镇众创空间用户价值共创机制分为价值定位和价值创造两个方面。

（一）价值定位

不同的众创空间具有不同的价值定位。梦想小镇服务的对象是具有一定发展潜力的创业项目或初创企业，这些项目往往需要通过梦想小镇的创业大赛选拔，或在其他知名创业大赛中已获奖。在创业行业方面，梦想小镇聚焦于互联网、电子商务、大数据及云计算等技术导向的新兴行业。此外，梦想小镇众创空间内的创业项目具有显著的用户导向特点，用户需求统领梦想小镇众创空间内创新创业活动的最终指向，创业者进入生态系统后会受到空间内文化熏陶，进而运用互联网思维追求用户体验。

（二）价值创造

一个企业的成长过程包括种子期、初创期、成长期、成熟期这几个不同阶段。梦想小镇众创空间的各类资源在项目的各个阶段会从不同方面实现价值共创。在创意期或种子期，梦想小镇为项目提供场地等基础设施和开办手续方面的服务，孵化器和各类服务机构为创业者提供商业指导和培训服务。在初创期，孵化器、创业导师会帮助企业基于特定的创业战略与核心能力，围绕用户需求的内在结构，开发出新产品或者新服务。天使投资、创投机构等不仅仅是创业资金提供者，其宽阔的产业视野、深刻的战略洞察，以及丰富的创业投资经验，更是创客们进行创业战略指导和商业模式优化的教育者与创业导师。

以上介绍了梦想小镇众创空间创业生态系统的四大运行机制，创业企业可通过新陈代谢机制进入梦想小镇众创空间创新创业生态系统，进入系统后与系统内其他主体形成网络，并与网络内的各类资源形成相互依存、共同进步的关系，借助资源的力量完成价值共创，实现创业梦想。当创业企业达到成熟期会被要求离开梦想小镇众创空间，没有达到考核目标或不符合小镇管理规定的创业企业也会被要求离开众创空间，梦想小镇创新创业生态系统通过新陈代谢机制保持动态平衡状态（见图8.13）。

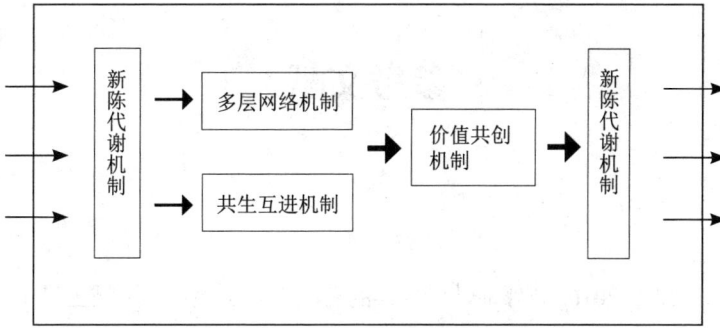

图 8.13　梦想小镇众创空间创新创业生态系统运行机制

参考文献

［1］安诣彬，2016.城郊地带可持续的有机更新实践：以上城玉皇山南基金小镇为例［J］.小城镇建设，（3）：72-74.

［2］白小虎，魏强，2020.特色小镇、外部性效应与劳动生产率：来自浙江的实证研究［J］.浙江社会科学，（2）：53-59＋156-157.

［3］蔡莉，彭秀青，Nambisan S，等.创业生态系统研究回顾与展望［J］.吉林大学社会科学学报，201656（1）：5-16.

［4］曹前满，2017.论城镇化进程中我国开发区的成长困惑：归属与归宿［J］.城市发展研究，24（2）：40-46.

［5］陈德金，2017.国外众创空间商业模式比较分析与经验启示［J］.科学管理研究，35（3）：110-113.

［6］陈菲琼，韩莹，2009.创新资源集聚的自组织机制研究［J］.科学学研究，2009（8）：1246-1254.

［7］陈菲琼，任森，2011.创新资源集聚的主导因素研究：以浙江为例［J］.科研管理，2011（1）：89-96。

［8］陈宏胜，王兴平，夏菁，2016.供给侧改革背景下传统开发区社会化转型的理念、内涵与路径［J］.城市规划学刊，（5）：66-72.

［9］陈前虎，2016.浙江新型城镇化的星星之火［J］.小城镇建设，（3）：22-24.

［10］陈夙，项丽瑶，俞荣建，2015.众创空间创业生态系统:特征、结构、机制与策略：以杭州梦想小镇为例［J］.商业经济与管理，（11）：35-43.

［11］陈炎兵，2016.特色小镇建设与城乡发展一体化［J］.中国经贸导刊，

（19）：44-46.

［12］陈耀，2017.推动国家级开发区转型升级创新发展的几点思考［J］.区域经济评论，（2）：5-9.

［13］程响，何继新，2018.城乡融合发展与特色小镇建设的良性互动：基于城乡区域要素流动理论视角［J］.广西社会科学，（10）：89-93.

［14］崔炤琨，王静，2014.海外高层次人才回国创业心理预期与现实差距的实证研究：基于北京的调查数据［J］.中国科技论坛，（9）：95-99.

［15］董芳，2002.欧洲硅谷：剑桥工业园区的成功模式［J］.中外企业文化，（5）：38-39.

［16］段匡哲，郑健壮，2014.企业创业与产业集群升级内在机理的研究［J］.科技管理研究，（12）：160-164.

［17］冯朝军，2018.国内外高科技产业集群发展模式及启示［J］.中共太原市委党校学报，（5）：14-17.

［18］高超，金凤君，2015.沿海地区经济技术开发区空间格局演化及产业特征［J］，地理学报，70（2）：202-213.

［19］郭立伟，2018.创新集群研究进展及未来趋势［J］.经济论坛，574（5）：20-25.

［20］郭立伟，饶宝红，2007.FDI区位集聚与产业集群因果关系实证分析［J］.华东经济管理，21（11）：83-86.

［21］国务院办公厅，2017.国务院办公厅关于促进开发区改革和创新发展的若干意见［EB/OL］.（2017-02-06）［2017-12-11］.http://www.gov.cn/zhengce/content/2017-02/06/content_5165788.htm.

［22］韩联郡，李侠，2018.研发活动、科学文化土壤与高端科技人才集聚［J］.科学与社会，（4）：80-92.

［23］韩亚欣，吴非，李华民，2015.中国经济技术开发区转型升级之约束与突破：基于调研结果与现有理论之分析［J］，经济社会体制比较，（5）：150-163.

［24］杭州未来科技城管委会，2017，2018，2019. 未来科技城、梦想小镇总结报告［R］.

［25］郝君超，张瑜，2016.国内外众创空间现状及模式分析［J］.科技管理研究，36（18）：21-24.

［26］黄筱彧，杜德斌，杨文龙，2018.中国互联网创业的集聚特征与区位因素初探［J］.科学学研究，（3）：493-501.

［27］黄勇，浙江省发展规划研究院课题组，2015. 创新引领转型，改革促进转型：浙江省"十三五"规划基本思路［J］.浙江经济，（9）：34-36

［28］贾生华，杨菊萍，2007.产业集群演进中龙头企业的带动作用研究综述［J］.产业经济评论，（6）：129-136.

［29］渐成区域经济发展重要引擎［EB/OL］.（2017-02-20）［2017-12-19］. http://news.xinhuanet.com/2017-02/20/c_1120498727.htm.

［30］蒋德嵩，2013. 拥抱创新3.0时代.哈佛商业评论［R］. https://www. hbrchina.org/2013-01-05/6263.html.

［31］金永亮，2016.关于浙江创建特色小镇的实践及借鉴［J］.广东经济，（1）：61-64.

［32］来佳飞，2015.特色小镇看"特色"［J］.浙江经济，（6）：34-35.

［33］兰建平，2008. 关于浙江区域经济发展转型升级的思考［J］.浙江经济，（14）：12-15.

［34］兰建平，2015.特色小镇的可持续发展之路［J］.今日浙江，（13）：30.

［35］蓝庆新，2008.印度软件业集群发展的内在经济效应分析［J］.亚太经济，（5）：64-67.

［36］雷曙光，2017.创新投入、产业集聚与开发区绩效：来自上海市开发区的经验证据［J］，华东师范大学学报（哲学社会科学版），（6）：144-152.

［37］李福，赵放，2018.创新中心的形成：创新资源的集聚与利用模式［J］.中国科技论坛，（4）：7-13.

［38］李文鹣，耿菱怿，梅强，等，2017.科技型新创企业创业过程中知识中介机构服务模式研究［J］.中国科技论坛，（9）：78-85.

［39］林嵩，2011.创业生态系统：概念发展与运行机制［J］.中央财经大学学报，（4）：58-62.

［40］刘超，2017.杭州未来科技城管理体制创新研究［D］.杭州：浙江省委党校.

［41］刘会武，赵玥，2016.国外典型创业社区案例分析［J］.中国高新区，（20）：59-66.

［42］陆佩，章锦河，王昶，等，2020.中国特色小镇的类型划分与空间分布特征［J］.经济地理，40（3）：52-62.

［43］马斌，2016.特色小镇：浙江经济转型升级的大战略［J］.浙江社会科学，（3）：39-42.

［44］马红丽，2017.他山之石：国外也鼓励"双创"［J］.中国信息界，（5）：38-41.

［45］马骏，2016.创客空间商业模式实证研究［J］.科技进步与对策，33（8）：17-21.

［46］穆瑞章，耿天成，2017.文化距离、社会网络中心性与互联网创业融资：来自众筹数据的实证研究［J］.北京工商大学学报（社会科学版），32（3）：94-103.

［47］乔辉，吴绍棠，2016.众创空间对创业孵化器功能影响研究［J］.商业经济研究，（5）：112-113

［48］盛世豪，2008.经济转型与发展方式转变：主要特征与政策取向［J］,商业经济与管理，（7）：68-75.

［49］盛世豪，张伟明，2016.特色小镇：一种产业空间组织形式［J］,浙江社会科学，（3）：36-38.

［50］宋刚，陈凯亮，张楠，等，2008.Fab Lab创新模式及其启示［J］.科学管理研究，26（6）：1-4.

［51］苏斯彬，张旭亮，2016.浙江特色小镇在新型城镇化中的实践模式

探析〔J〕.宏观经济管理，（10）：73-75＋80.

［52］孙瑜康，孙铁山，席强敏，2017.北京市创新集聚的影响因素及其空间溢出效应〔J〕.地理研究，2017（12）：2419-2431.

［53］田傲云，2017.国外特色小镇案例〔J〕，城市开发，（4）：47-49.

［54］田倩飞，房俊民，王立娜，等，2015.英国创客空间的组织方式及运作机制〔J〕.科技创新与应用，（13）：61-62.

［55］田颖，田增瑞，赵袁军，2018.H-S-R三维结构视角下众创空间智力资本协同创新对创客创新绩效的影响〔J〕.科技进步与对策，2018（4）：15-23.

［56］投中研究院，2015.众创空间在中国：模式与案例〔J〕.国际融资，（6）：47-51.

［57］Trustdata，2017.2017年旅游特色小镇行业研究报告〔R〕.

［58］汪连杰，2016.互联网创业模式发凡〔J〕.重庆社会科学，（12）：56-62.

［59］汪千郡，2016.产城融合视角下特色小镇规划策略探讨：以青神苏镇为例〔J〕.住宅与房地产，（27）：41-43.

［60］汪群，2016.众创空间创业生态系统的构建〔J〕.企业经济，（10）：5-9.

［61］王成军，2009.高学历科技人力资源流动研究〔M〕.北京：科学出版社，173.

［62］王吉勇，朱骏，张晖，2018.特色小镇的全流程规划与实施探索：以杭州梦想小镇为例〔J〕.规划师，（1）：24-29.

［63］王璐，2016.市场化运作过程中政府的角色重构：以龙泉青瓷小镇为例〔J〕.小城镇建设，（3）：87-91.

［64］王鹏，吴思霖，2019.研发投入对高新区集聚发展影响的门限效应〔J〕.科学学研究，（6）：996-1005.

［65］王小章，2016.特色小镇的"特色"与"一般"〔J〕.浙江社会科学，2016（3）：46-47.

［66］王正沛，李国鑫，2018.线上线下资源融合的新型创业生态系统研究［J］.管理学报，（6）：803-813.

［67］王志强，2017.政府要当好产学研合作和特色小镇建设的"店小二"［J］.中国科技产业，（1）：51.

［68］吴卫红，杨婷，张爱美，等，2017.创新资源集聚对区域创新绩效的溢出效应：高校与高技术产业对比研究［J］.科技进步与对策，（9）：40-45.

［69］向永胜，古家军，2017.基于创业生态系统的新型众创空间构筑研究［J］.科技进步与对策，（22）：20-24.

［70］项国鹏，宁鹏，罗兴武，2016.创业生态系统研究评述及动态模型构建［J］.科学学与科学技术管理，37（2）：79-87.

［71］新华社，2017.我国国家高新区2016年营业收入同比增长11.5%渐成区域经济发展重要引擎［EB/OL］.（2017-02-20）［2017-12-19］.http://news.xinhuanet.com/2017-02/20/c_1120498727.htm.

［72］徐梦周，包浩斌，盛世豪，2015.培育生态型组织的杭州实践［J］，浙江经济，（3）：32-35.

［73］徐梦周，王祖强，2016.创新生态系统视角下特色小镇的培育策略：基于梦想小镇的案例探索［J］.中共浙江省委党校学报，（5）：33-38.

［74］徐思彦，李正风，2014.公众参与创新的社会网络：创客运动与创客空间［J］.科学学研究，32（12）：1789-1796.

［75］徐振强，2016.德国柏林州Adlershof科技园区生态规划建设研究［J］.城乡建设，（2）：84-87.

［76］许庆瑞，毛凯军，2003.论企业集群中的龙头企业网络和创新［J］.研究与发展管理，（8）：53-58.

［77］杨雪锋，孙震，2016.共享发展理念下的产城融合作用机理研究［J］，学习与实践，（3）：28-35.

［78］杨艳娟，应向伟，叶灵杰，2017.众创空间生态体系：理论检

视、系统建构与发展策略：以浙江省为研究视域［J］.科技通报，
（1）：254-258.

［79］叶振宇，张万春，王瑞霞，等2019.我国创新创业型特色小镇高质量发展的思考：基于中关村创客小镇的考察［J］.发展研究，（3）：85-89.

［80］尹煜，2015.从全球视野看众创空间［J］.互联网经济，（8）：44-47.

［81］郁建兴，张蔚文，高翔，等，2017.浙江省特色小镇建设的基本经验与未来［J］.浙江社会科学，（6）：143-160.

［82］张东彪，2015.产业集聚中龙头企业外溢效应分析［J］.商业经济研究，（10）：95-97.

［83］张方方，方霄，2009.风险投资与产业集群互动发展的经济学机理探讨［J］.统计与决策，（12）：129-131.

［84］张汉东，2016."互联网＋"成就浙江经济转型之路［J］.浙江经济，（21）：13.

［85］张克，2004.打造区域比较优势，将开发区建成承接跨国技术分工的先导区［J］.科学学与科学技术管理，（12）：95-98＋105.

［86］张蔚文，2019.管理、服务、自治：以社会治理赋能特色小镇［J］.国家治理，（28）：12-19.

［87］张蔚文，2016.政府与创建特色小镇:定位、到位与补位［J］.浙江社会科学，（3）：43-45.

［88］张玉华，2014.中国风险投资地域集聚现象及其驱动因素分析：基于空间面板数据模型的实证研究［J］.上海师范大学学报（哲学社会科学版），2014（6）：51-59.

［89］张志强，孙斌栋，2016.国家级经济技术开发区与产业转移［J］，产业经济评论，（5）：5-21.

［90］郑健壮，2019.从产业集群、开发区到特色小镇：演化与选择［J］.浙江树人大学学报（人文社会科学），19（1）：43-49.

［91］郑健壮，2011.基于转型升级的产业集群政策的选择研究［J］.人力

资源管理，（6）：217-219.

［92］郑健壮，2007.基于资源观理论（RBV）的产业集群本质的思考［J］.技术经济，26（6）：6-10.

［93］郑健壮，靳雨涵，段匡哲，2018.集群内网络关系对企业技术创业的影响：基于浙江的实证研究［J］.科研管理，（1）：64-73.

［94］郑健壮，徐寅杰，2011.创新型企业影响创新型集群创新资源集聚和扩散的机理研究［J］.科技和产业，11（3）：23-27.

［95］中国开发区网［EB/OL］.https://www.cadz.org.cn/index.php/develop/index.html.

［96］中华人民共和国科学技术部.国家级高新技术产业开发区168个［EB/OL］.http://www.most.gov.cn/gxjscykfq/.

［97］中华人民共和国商务部.国家级经济技术开发区219个［EB/OL］.http://www.mofcom.gov.cn/xglj/kaifaqu.shtml.

［98］周鲁耀，周功满，2017.从开发区到特色小镇：区域开发模式的新变化［J］.城市发展研究，24（1）：51-55.

［99］周正柱，2017.产城融合研究最新进展与述评［J］.科学与管理，37（5）：48-53.

［100］朱伯伦，2018."大城小镇"协同发展影响因素与路径：基于浙江特色小镇建设的实证研究［J］.学术论坛，（1）：116-121.

［101］朱秀梅，李明芳，2011.创业网络特征对资源获取的动态影响：基于中国转型经济的证据［J］.管理世界，（6）：105-115.

［102］卓勇良，2016.创新政府公共政策供给的重大举措：基于特色小镇规划建设的理论分析［J］.浙江社会科学，（3）：32-36.

［103］卓勇良，2015.浙江特色镇的秘密［J］.决策，2015（8）：50-51.

［104］邹宝玲，李华忠，2016.交易费用、创新驱动与互联网创业［J］.广东财经大学学报，（3）：26-33.

［105］Cohen B, 2006. Sustainable valley entrepreneurial ecosystems［J］. Business Strategy and the Environment, 15（1）：1-14.

［106］Isenberg D J, 2010. How to start an entrepreneurial revolution ［J］. Harvard Business Review, 88（6）: 40-50.

［107］Mason C, Brown R, 2014. Entrepreneurial ecosystems and growth-oriented entrepreneurship ［R］. Paris: Final Report to OECD.

［108］Moore J F, 1993. Predators and prey: A new ecology of competition ［J］.Harvard Business Review,71（3）: 75-83.

［109］Porter M E, 1998. Clusters and the new economics of competition ［J］. Harvard Business Review,76（6）: 77-99.

［110］Spilling R, 1996. The entrepreneurial system: On entrepreneurship in the context of a mega-event［J］. Journal of Business Research, 36（1）: 91-103.

［111］Tallman S, Jenkins M, Henry N, et al., 2004. Knowledge, clusters, and competitive advantage［J］.Academy of Management Review, 29（2）: 258-271.

［112］Tansley A G, 1935. The use and abuse of vegetational concepts and terms ［J］.Ecology, 16（3）: 284-307.

后　记

　　浙江省特色小镇源于浙江"块状经济"和区域特色产业30多年的发展和实践，其主要目的是培育新兴产业和促进传统产业的转型升级。在2015年浙江省政府工作报告中，浙江首次描绘了特色小镇："以新理念、新机制、新载体推进产业集聚、产业创新和产业升级。"截至2019年9月，浙江省全省共有22个命名小镇、110个创建小镇、62个培育小镇，百镇布局雏形已成。特色小镇激发了全社会创新创业的新活力，为浙江经济高质量发展提供了新的载体。

　　杭州梦想小镇作为浙江第一批特色小镇，从建设开始就致力于打造成为众创空间的新样板，经过近8年的建设已成为国内创新创业型特色小镇的典范。梳理和提炼梦想小镇的成功经验，既是为了梦想小镇打造2.0版提供智力支持，也是希望能为其他特色小镇建设以及相关研究提供借鉴。为此，浙大城市学院特色小镇可持续发展研究院组织了相关教师和学者，历时近2年的时间，多次赴梦想小镇进行调研并进行多次讨论，以期对杭州梦想小镇的发展经验和成功之道进行整理研究。

　　本书是《特色小镇建设之路——浙江的探索与实践》丛书中的一部，由浙大城市学院特色小镇可持续发展研究院首任院长、浙大城市学院商学院院长郑健壮教授牵头撰写，郑健壮、陈勇负责全书框架和体例设计。本书的具体分工如下：第一章由郑健壮撰写；第二章由郑健壮、陈勇撰写；第三章、第七章由周礼南撰写；第四章、第六章由郭立伟撰写；第五章由陈勇撰写；第八章由李洋撰写。本书的最终修改完善由郑健壮、陈勇和张鲁光完成。

　　感谢杭州未来科技城管委会招商局副局长屈永辉先生、局长助理吴超先生，菜根科技郑夏女士，在百忙之中参与课题组讨论，为本书的撰写提供了很多真知灼见，也为课题组提供了大量丰富的一手资料。

最后需要指出的是，由于梦想小镇正在不断发展中，有很多新的成功经验正不断涌现，另外，限于我们的研究能力和学术水平，本书对梦想小镇作为创新创业型标杆特色小镇的内在机理、机制创新、经验提炼等方面的研究提炼肯定存在不全和不当之处，敬请读者不吝指正。

郑健壮　陈勇

2020年7月于浙大城市学院